In völliger Verzweiflung landet Matthias nach der Kündigung seines Jobs in einem nahe gelegenen Waldstück vor einer alten Eiche.

Als genau diese auch noch anfängt mit ihm zu sprechen, glaubt er, den Verstand völlig verloren zu haben.

Erst nach und nach begreift er, dass dieser alte weise Baum namens Anton ihm etwas zu sagen hat, was sein ganzes Leben völlig verändern wird.

Matthias merkt durch das Gespräch mit Anton, dass er die Verbindung zu seinem eigenen ICH und damit zu seinen eigenen Wurzeln völlig verloren hat und nun abhängig von den äußeren Umständen seines Lebens lebt. Nie zuvor hatte er über sein Leben nachgedacht. Er war bislang zu sehr damit beschäftigt, beruflich nach oben zu streben, Karriere zu machen, gut dazustehen und die Menschen um ihn herum zufrieden zu stellen.

So erkannte Matthias bitter, dass er lediglich eine Marionette im Spiel des Lebens war, abhängig vom Wohlwollen seines Umfeldes und völlig darüber im Unklaren, welche Rolle er in seinem Leben wirklich spielen will.

Anton führt ihn in liebevoll vermittelten Lektionen nach und nach zurück zu seinen eigenen Wurzeln.

Uta Ellies

Anton

Eine außergewöhnliche

Begegnung

Ein Weg zurück zu den eigenen Wurzeln

Mit Illustrationen von Julia Matteikat

Impressum:

Bibliografische Information der Deutschen Nationalbibliothek: Die Deutsche Nationalbibliothek
verzeichnet diese Publikation in der Deutschen
Nationalbibliografie; detaillierte bibliografische
Daten sind im Internet über dnb.dnb.de abrufbar.

Herstellung und Verlag: BoD - Books on
Demand, Norderstedt

ISBN 9783754326008

Entdecke deine Vollkommenheit

in der „scheinbaren"

Unvollkommenheit des Lebens

Uta Ellies

Vorwort

Darf ich mich vorstellen?

Mein Name ist Matthias Mayer und ich bin 39 Jahre alt.

Vor drei Jahren habe ich einen kleinen Verlag gegründet, der sich darauf spezialisiert hat, Bücher zu veröffentlichen, die den Menschen helfen sollen, ihr Bewusstsein zu erweitern und ein glückliches und zufriedenes Leben zu führen, so wie ich es heute aus tiefstem Herzen tue.

So sitze ich hier gerade an meinem Schreibtisch und habe ein paar Skripte von viel versprechenden Autoren vor mir liegen, die ich mir näher anschauen möchte.

Als „Fast"-Verlagsmanager hatte ich beste Voraussetzungen für diese Art von

Selbständigkeit, die mit der Veröffentlichung meiner eigenen Geschichte begann.

Durch die Bücher, die mit meiner Hilfe auf den Markt kommen, fühle ich mich inzwischen wie ein Stern, der anderen Menschen den Weg zu den eigenen Wurzeln leuchtet, so wie Anton vor fünf Jahren ein Leuchtpunkt auf meinem Weg war.

Es ist ein herrlicher Sonnentag. Mein Blick schweift aus dem Fenster, vor dem eine große alte Eiche steht, deren Blätter sanft im Wind schaukeln. Dass dieser Baum dort vor meinem Bürofenster steht, ist eine der schönen Fügungen, die sich in den letzten Jahren ereignet haben, als sich mein Leben durch die Begegnung mit Anton anfing zu verändern.

Ich möchte Ihnen natürlich auch nicht vorenthalten, dass ich inzwischen mit Veronika glücklich verheiratet bin und auch sie mit ihrer Innenstadtboutique großen Erfolg hat. In drei Monaten erwarten wir unser erstes gemeinsames Kind, und ich freue mich heute schon darauf, diesen

9

kleinen Rohdiamanten liebevoll durchs Leben begleiten zu dürfen.

Aber nun möchte ich sie daran teilhaben lassen, wie es zu diesem GLÜCK kam, und ihnen von meiner Begegnung mit Anton, der weisen alten Eiche, erzählen.

1

Ich war nervös an diesem Morgen, hatte ich doch gleich das Gespräch mit meinem Chef, bei dem es um die Besetzung der neuen Projektstelle ging. Im Geiste sah ich schon die neue gedruckte Visitenkarte vor mir: „Matthias Mayer, Verlagsmanager"!

Endlich ein eigenes Büro, endlich das Ansehen, das ich mir immer gewünscht hatte. Sogar eine eigene Sekretärin brachte diese Stelle mit sich.

Mit diesem Titel konnte ich glänzen, endlich wähnte ich mich am Ziel meiner Träume. In den letzten Monaten war mein Augenmerk voll und ganz auf diese neue ausgeschriebene Stelle gerichtet. Wie oft hatte ich Veronika und meinen Freundeskreis vernachlässigt, weil ich unbedingt diesen Titel wollte. Mein Vater würde stolz auf mich sein, das wusste ich.

Ich hatte durch meinen Fleiß den Samen gesät, nun wollte ich ernten.

Ob es wohl sinnvoll war, schon einen Tisch im angesagten Pilgrimhaus zu bestellen, um es Veronika auf dem Silbertablett zu präsentieren? Oder sollte ich noch warten und es gleich zusammen mit dem Heiratsantrag machen, den ich so lange vor mir herschob?

Vieles ging mir an diesem Morgen durch den Kopf, nur mit dem, was dann kam, hatte ich nicht gerechnet.

Zwei Stunden später fand ich mich nämlich in völliger Verzweiflung umherirrend in einem – meiner Stadt angrenzenden – kleinen Waldstück wieder. Ich konnte immer noch nicht begreifen, was wirklich geschehen war. Man hatte mir buchstäblich den Boden unter den Füßen weggezogen. In meiner Tasche befand sich nämlich anstelle der neuen Visitenkarte meine Kündigung. Man hatte tatsächlich jemand anderen von außerhalb für die ausgeschriebene Stelle vorgezogen. Monatelang hatte ich mich vorbereitet, hatte

Überstunden um Überstunden gemacht, um mit meinen Ausarbeitungen zu beweisen, dass ich den Biss für diesen Job mitbrachte. Und nun das, ich konnte es einfach nicht fassen!

Zudem hatte man mir mitgeteilt, dass man eine völlige Umstrukturierung innerhalb des Verlages vornehmen wolle und somit auch meine alte Stelle überflüssig geworden war.

Mit mir und der ganzen Welt im Zweifel saß ich vor einem dicken Baumstamm und ließ den Kopf in den Schoß sinken. Wie sollte es nun weitergehen? Nun war ich arbeitslos, das erste Mal in meinem Leben. Ein Mensch am Rande der Gesellschaft – zumindest fühlte ich mich so. Bislang hatte ich auf die arbeitssuchende Gesellschaft immer ein wenig von oben herab geblickt. Ich war der Meinung, dass man sich durch Fleiß einen anständigen Arbeitsplatz verdienen könne. Und nun das! Matthias Mayer, der Mann mit Prinzipien, war arbeitslos! Noch zwei Stunden zuvor sah ich mich als neuen Verlagsmanager, und jetzt hatte ich das Bild vor Augen, wie ich in der Schlange stehend vor dem Arbeitsamt stand.

Ich konnte als „Arbeitsloser" Veronika unmöglich einen Heiratsantrag machen. Wie sollte ich es ihr überhaupt beibringen?

2

Ich weiß nicht, wie lange ich dort an dem
Baum saß, als sich plötzlich ein leichter
Wind erhob und die Krone des Baumes
mächtig in Bewegung geriet. Ob wohl
auch ein Baum so etwas wie *fühlen* und
empfinden kennt, ging es mir durch den
Kopf. Ich verwarf diesen Gedanken aber
so schnell wieder, wie er gekommen war.
Unmöglich!   Doch plötzlich vernahm ich
eine Stimme.

War es wirklich der Baum, der da gerade
„Hallo Matthias" zu mir sagte, oder drehte
ich langsam völlig durch? Aber noch ehe
ich diesen Gedanken zu Ende bringen
konnte, hörte ich wieder: „Hallo Matthias,
ich bin Anton", aus dem Inneren des
Baumes kommen.

Langsam stand ich auf und wandte mein
Gesicht dem Baum zu, um ihn zu betrachten. Dann sah ich es: Der Baum hat-

te tatsächlich so etwas wie ein Gesicht mit Nase, Mund und Augen, die mich freundlich anzublicken schienen.

„Nun bist du erstaunt, nicht wahr?", hörte ich den Baum sagen. „Ich bin tatsächlich – genau wie du – ein lebendiges Wesen, nur so ganz anders als du es auf deine gewohnte Weise wahrnimmst." Ich fühlte mich etwas beschämt, war es doch tatsächlich so, dass ein Baum bislang eben nur ein Baum in meinem Leben war. Er hatte Wurzeln, einen Stamm und ein Blätterwerk, was sich mit den Jahreszeiten veränderte. Wenn ich ehrlich war, konnte ich nicht einmal sagen, vor was für einer Art von Baum ich da jetzt stand. War es eine Eiche oder eine Kastanie?

„Du musst dich nicht schämen. So wie dir geht es den meisten Menschen. Sie stecken fest in ihrer Wahrnehmungsstruktur, weit davon entfernt zu spüren, dass sie nur Teil eines Großen und Ganzen sind, obwohl eigentlich alles miteinander verbunden ist. Schau dich an, schon der Verlust deines Arbeitsplatzes lässt dein ganzes Leben aus den Fugen geraten."

Ich wurde wütend, was bildete sich dieser blöde Baum ein? Er hatte doch keine Ahnung, wie es war, wenn plötzlich das ganze Leben auseinanderbrach.

Der Baum aber lächelte nur über meine Wut. „Glaubst du, in den vielen hundert Jahren, die ich hier schon stehe, habe ich nicht schon einige Katastrophen überstanden?", fragte er mich. Ich wollte ihm entgegnen, dass dies nun nicht miteinander vergleichbar sei. Schließlich hatte ich mich mein Leben lang abgekämpft, um dieses Ziel zu erreichen, während er einfach nur dastand. Ich schluckte es runter. Was brachte es schon, sich mit einem Baum zu streiten?

Der Sturm wurde stärker, und ich hatte plötzlich Mühe, mich auf den Beinen zu halten. Ich musste mich am Stamm des Baumes festklammern, damit ich nicht umgeweht wurde. Dabei wurde mir bewusst, wie stark doch der Stamm des Baumes war und wie viel Halt ihm sein verlässliches Wurzelwerk bot.

Während ich mich alleine nicht mehr auf den Beinen halten konnte, bewegte der Baum nur seine Krone und man hörte die Blätter rauschen.

„Du musst Wurzeln bilden, dann hast du genau so viel Halt wie ich und bist gegen die Stürme des Lebens gewappnet", sagte Anton.

Ich hatte keine Ahnung, was er damit meinte. Im Moment hatte ich eh genug damit zu tun, mich an ihn zu klammern, damit ich nicht umfiel.

Als wenn er Gedanken lesen könnte, bat er mich nun mit ganz ruhigen und freundlichen Worten darum, meine Augen zu schließen und mir vorzustellen, wie aus meinen Füßen heraus Wurzeln sprießen, und ich ließ mich darauf ein.

Plötzlich spürte ich, wie ich Halt bekam und wagte, meine Arme und Hände von Anton zu lösen. Noch immer schaukelte ich hin und her, aber ich hatte durch mein imaginäres Wurzelwerk einen festen Halt unter meinen Füßen. Es machte sogar etwas Spaß, einfach so dazustehen und die Schaukelei geschehen zu lassen. Irgendwie hatte ich das Gefühl, dass sich mein ganzer Körper aufrichtete, so als würde ich ein paar Zentimeter in die Höhe wachsen.

Anton schmunzelte und schaute mir belustigt zu. „Siehst du, wie auch du mit *Stürmen* umgehen kannst, wenn du Wurzeln hast?", fragte er mich. Ich verstand ihn immer noch nicht. Wurzeln gehörten zu einem Baum, aber wir Menschen hatten so etwas nun einmal nicht.

3

Der Sturm ließ nach und ich sah, dass einige Blätter von Anton zu Boden gefallen waren. „Es sind übrigens Eichenblätter", klärte Anton mich auf. „Wenn du magst, dann demonstriere ich dir gerne einmal, wie auch ein Mensch auf seine ihm eigene Art Wurzeln bilden kann.

Dazu bekam ich die Aufgabe, die herabgefallenen Blätter als Puzzleteile anzusehen und zu versuchen, ein Bild meines Lebens zu legen. Erstaunt schaute ich ihn an, denn ich wusste mit dieser Bitte überhaupt nichts anzufangen. „ Ein Bild *meines* Lebens, wie meinst du das?", hakte ich deshalb nach.

„Nun ja", sinnierte der Baum, „stelle dir einfach einmal vor, du bist 85 Jahre alt, sitzt im Schaukelstuhl und blickst auf dein Leben zurück. Was müsstest du für ein Leben gelebt haben, um sagen zu können: ‚Ich war glücklich, ich habe mir all meine Wünsche und Träume erfüllt. Auch wenn Dinge schief gelaufen sind, habe ich nicht bereut, sie probiert zu haben. Lebst du das Leben, das du immer schon leben wolltest? Spielst du *deine* Rolle auf der Bühne des Lebens oder eher eine Rolle, die man dir zugeteilt hat'"?

Uff, was für eine Frage. Nie zuvor hatte ich über *mein* Leben nachgedacht. Ich war bislang so sehr damit beschäftigt, beruflich nach oben zu streben, Karriere zu machen, gut dazustehen und die Menschen um mich herum zufrieden zu stellen.

Da saß ich nun, hatte einen Berg Blätter vor mir liegen, und dachte über mein Leben nach.

Alles in mir schien sich zu wehren, es konnte doch nicht sein, dass plötzlich mein ganzes Leben in Frage gestellt wurde. Hatte ich mir bislang denn nur eingebildet, glücklich gewesen zu sein, und hatte ich dieses Glück wirklich so sehr von äußeren Umständen abhängig gemacht? Tränen schossen mir in die Augen, und meine Verzweiflung wurde noch größer, als sie ohnehin schon war. Ich musste mir tatsächlich eingestehen, dass ich über mich selbst nicht viel wusste.

Ich nahm die Blätter und ließ sie wieder und wieder durch meine Hände rieseln.

Ein Puzzle *meines* Lebens, welch eine Herausforderung. Freilich hatte ich als Kind große Träume. Schließlich brauchte ich mir nur einen roten Umhang umzulegen, um mich wie *Superman* zu fühlen. Ich wollte immer unüberwindbare Hindernisse meistern, so wie er Gutes tun und dabei alle Grenzen sprengen. Wie oft hatte ich abends im Bett gelegen und davon geträumt, Menschenleben zu retten und als *Superman* gefeiert zu werden. All dies schien mir damals gar nicht nur wie ein Traum, sondern durchaus machbar. Ich fühlte mich schon durch diese Phantasiereisen wie ein kleiner Held.

Wo war er nur geblieben, dieser *kleine Held*? Wann habe ich angefangen, mich selbst zu begrenzen?

Auf der Bühne des Lebens, was für eine Rolle spielte ich jetzt dort?

Auch diesmal schien Anton zu wissen, was in mir vorging, und gab mir eine Hilfestellung, indem er plötzlich ein – für eine Eiche ungewöhnlich großes – beschriebenes Blatt zu Boden flattern ließ.

4

„Stelle dir eine große Bühne vor", war dort zu lesen, auf der ein Theaterstück mit dem Namen *Spiel Deines Lebens* aufgeführt wird. Für dieses Theaterstück werden Rollen vergeben, kleinere und größere Rollen und auch Statistenrollen:

- *Es gibt Mitspieler, die brauchen den Applaus der Zuschauer, damit Sie sich in ihrer Rolle wohlfühlen können. Die Rolle an sich ist ihnen gar nicht so wichtig (eigentlich wüssten sie auch gar nicht, welche Rolle sie spielen wollten, stünden sie vor der Wahl). Hauptsache, ihre Spielleistung wird entsprechend gewürdigt.*

  Das betrifft die Mehrzahl der Menschen. Wenn der Applaus des Publikums aber wegfällt, bekommen sie ein großes Problem. Es geht ihnen nämlich dann so, wie Dir jetzt. Sie verlieren den Halt.

- *Es gibt Mitspieler, die sind so manipulierbar, dass sie jede Rolle annehmen, ganz gleich, ob sie dafür total überqualifiziert sind – Hauptsache, sie spielen mit. Man kann sich schließlich nicht aussuchen, was man gerne spielen will, wichtig ist nur, dass man überhaupt mitspielt.*

  Vorwiegend sind dies Menschen, die sich mit dem Leben arrangiert haben. Sie sind in der typischen Opferrolle.

- *Es gibt Mitspieler, die wollen auf keinen Fall eine „Einzelrolle", sondern lieber eine „Gruppenrolle", damit sie sich hinter den anderen verstecken können bzw. sich an den anderen orientieren können. (Das, was alle tun, wird wohl richtig sein, und wenn ich etwas falsch mache, dann stehe ich wenigstens nicht alleine da).*

  Auch dies betrifft sehr viele Menschen. Sie fühlen sich in der Gruppe wohler, weil sie sich selbst nichts zutrauen. Sie sind ebenso in einer Opferrolle und damit abhängig von den Anderen.

- *Es gibt freilich aber auch Mitspieler, die haben sich ihre Rollen selbst ausgesucht. Die wissen, was sie können, und fordern dies auch für sich ein. Sie bekommen auch meistens, was sie wollen. Fliegen sie mal aus einer Rolle raus, suchen sie sich schnell wieder eine zu ihrem Naturell passende neue Rolle.*

  Sie suchen die Schuld für ein Versagen stets bei sich selbst und nicht beim Regisseur. Sie haben das Spiel verstanden und bestimmen über sich und ihre Rollen im Leben selbst! Sie sind Schöpfer ihres Lebens.

- *Es gibt Mitspieler, die spielen Rollen, weil sie ihnen Spaß machen. Da ist es völlig egal, welche Rolle das ist, Hauptsache sie haben Spaß am Spiel.*

  Auch sie sind Schöpfer ihres Lebens und haben das Spiel verstanden.

- *Es gibt freilich auch Statistenrollen, die werden an die Spieler vergeben, die keine andere Rolle spielen können, (z.B. geistig und/oder körperlich behin-*

derte Menschen). *Für sie ist dies voll-kommen in Ordnung, so wie es ist.*

Auch wenn es nicht so scheint, haben diese Menschen das Leben ebenfalls verstanden, nur auf einer ganz anderen Ebene. Was ich damit meine, wird sich Dir vielleicht später noch erschließen.

- *Trotzdem gibt es aber auch Menschen, die eine Statistenrolle spielen, weil sie sich überhaupt nicht vorstellen können, dass es für sie eine andere Rolle geben könnte.*

- *Genauso gibt es aber auch Menschen, die kämpfen ihr Leben lang um eine Hauptrolle und erkennen nicht, dass sie mit einer solchen Rolle hoffnungslos überfordert wären.*

   Diese Menschen sind ganz arm dran. Sie suchen für alles und jeden den Sündenbock und sind überhaupt nicht in der Lage, auf sich selbst zu achten.

Ich musste schlucken, erkannte ich doch bitter, dass auch ich eher eine Marionette im Spiel des Lebens war, abhängig vom Wohlwollen meines Umfeldes und völlig darüber im Unklaren, welche Rolle ich in meinem Leben wirklich spielen wollte.

Soviel zum Thema *Superman*!!!

Verlagsmanager, verheirateter Mann…

Waren das wirklich meine Rollen? Das erste Mal in meinem Leben kamen mir Zweifel in Bezug auf mein Wirken und Handeln.

Lange saß ich vor den Blättern, unfähig, daraus ein Bild *meines Ich's* zu legen.

Meinte Anton ein stabiles Selbstbild, wenn er von den menschlichen Wurzeln sprach? Wahrscheinlich ja, denn wenn ich zurück dachte an meine Kindheit, gab es da keine Ängste. Ich konnte mir vorstellen, alles *Haben* und *Sein* zu können, was ich wollte. Was war nur geschehen, dass ich dem Leben heute so ängstlich und sicherheitsorientiert entgegen trat?

5

Wie zur Bestätigung meiner Frage legte sich plötzlich ein Rahmen um das Blätterwerk, welches ich zu einem Puzzle zusammenlegen sollte.

„Schau", sagte Anton. „Der Rahmen steht für das, was du bislang dachtest, dass es dich ausmacht. Familie, Job, Frau, Freunde, usw. Bricht aber, wie es jetzt der Fall ist, ein Stück des Rahmens heraus, gerät alles ins Wanken und du hast keine Stabilität mehr. Wenn du aber ein stabiles Selbstbild aus den Blättern legen könntest, dann bräuchtest du nicht einmal mehr einen Rahmen. Er wäre nur noch das Tüpfelchen auf dem i."

So einleuchtend mir auch war, was ich Anton da sagen hörte, so weit weg fühlte ich mich von einem stabilen Selbstbild. In mir wuchs die bittere Erkenntnis, dass ich

gar nicht wusste, was *mich* wirklich aus-
machte.

Ich konnte mir doch nicht einfach wieder
vorstellen, alles *Haben* und *Sein* zu können wie ein Superman. Das war absolut
lächerlich.

Dennoch spürte ich, dass sich in mir etwas regte, dessen Existenz ich vor langer
Zeit begraben hatte.

Was für ein Tag! Noch vor wenigen Stunden dachte ich, die größte Katastrophe
wäre es, meinen Job verloren zu haben.
Jetzt wurde mir klar, dass es viel schlim-
mer war, nicht mit mir selbst in Verbindung zu sein, sondern in der Abhängig-
keit von äußeren Umständen zu leben.

Was machte den Matthias wirklich aus,
von dem ich noch vor wenigen Stunden
zu wissen glaubte, wer er war?

Mir schwante langsam, weshalb ich heute
genau an diesem Ort, bei Anton, dem
weisen Baum, gelandet war.

6

Erschöpft von dieser erschütternden Erkenntnis hatte ich das Bedürfnis, ein paar
Schritte zu laufen. Durch diese kurze,
aber dennoch intensive Unterhaltung mit
Anton betrachtete ich meine Umgebung
plötzlich mit ganz anderen Augen. Sehr
intensiv beobachtete ich den Wald, durch
den ich lief, und begutachtete jeden ein-
zelnen Baum. Ich nahm die Geräusche
des Waldes in mir auf, atmete den Duft,
der mich umgab, ein und fühlte mich auf
sonderbare Weise verbunden. In diesem
Augenblick fühlte ich mich völlig ruhig und
all meine Sorgen und Nöte schienen
plötzlich weit weg zu sein.

Irgendwann landete ich wieder bei Anton
und machte es mir zwischen seinem
Wurzelwerk bequem. Ich muss wohl ein
wenig eingenickt sein, denn als ich die
Augen wieder öffnete, lehnte an Antons
Baumstamm eine große Schaufel.

„Bist du bereit für die nächste Lektion?", fragte mich Anton, und ich nickte, denn inzwischen war in mir die Hoffnung gekeimt, dass Anton, dieser weise Baum, mir einen Weg aus meinem Dilemma weisen konnte.

So bekam ich von Anton den Auftrag, mit der Schaufel ein wenig Wurzelwerk freizulegen, was mir nur mit größter Mühe und letztlich mit seiner Hilfe – er ruckelte ordentlich mit seinem Stamm hin und her – gelang.

365 Jahre, berichtete mir Anton stolz, sei dieses Wurzelwerk nun mit Mutter Erde verbunden, und ich war erstaunt, wie gesund es noch aussah. Nicht dass ich die große Ahnung von Baumwurzeln gehabt hätte, ich hatte ja bereits erwähnt, dass meine Kenntnisse beschämend gering waren, aber sogar ich als Laie konnte erkennen, dass es Anton gut ging.

Eigentlich brauchte man dazu auch nur nach oben in sein Blätterwerk zu schauen, das in saftig grüner Farbe im Wind schaukelte.

„Die Wurzeln", so klärte mich Anton auf, „sind das A und O des Lebens. Sind die Wurzeln gesund, so ist auch der Baum gesund, denn durch sie erhält er seine Nahrung."

Plötzlich ließ er eine Eichel vor meine Füße purzeln. Als ich sie in die Hände nahm platze sie ein wenig auf. Ein Keimling suchte sich seinen Weg in die Freiheit, bzw. in ein neues Leben.

„So wie ich aus einem Eichelkeimling entstanden bin, so hast auch du einen Ursprung. Diesen Ursprung möchte ich einmal *Seele* nennen", ließ Anton mich wissen. „In diesem Samenkorn – in deinem Fall in der befruchteten Eizelle – ist alles enthalten, was du brauchst, um gut und kräftig zu gedeihen. Schon bevor du das Licht der Welt erblickt hast, hattest du eine Persönlichkeitsanlage, die unter optimalen Bedingungen alles zum Vorschein gebracht hätte, was dich als Matthias ausmacht."

Erschrocken schaute ich Anton an. „Optimale Bedingungen", ich wusste nicht, was Anton damit meinte. Dachte ich bislang doch immer, das Privileg in Deutschland und in einer wohlgeordneten Familie aufgewachsen zu sein, wären die optimalen Bedingungen zum Gedeihen eines menschlichen Wesens.

„Vergleiche dich mit einem Diamanten", sagte Anton. Bei deiner Geburt warst du noch ein Rohdiamant, lupenrein und völlig unverfälscht. Dieser Rohdiamant, als der du das Licht der Welt erblickt hast, bestand aus deinen natürlichen Gefühlen, deiner Persönlichkeit, deinem Sinn für Humor, deinen Talenten, deiner Intuition, Neugierde und Kreativität. Vielleicht kannst du dich noch an deine Kindheit erinnern, in der diese Eigenschaften noch dein Leben dominierten. Oder beobachte einfach kleine Kinder in ihrer Unbekümmertheit und Unbedarftheit, um sie zu erkennen."

Sofort hatte ich wieder das Bild des kleinen Matthias als Superman vor Augen.

„Wenn wir bei der Metapher des Rohdiamanten bleiben, ist es die Aufgabe von

Eltern, diesen Diamanten *vorsichtig* und *liebevoll* zu schleifen, damit alles aus ihm *hervorgeholt* wird, was ihn später zu einem wunderschönen Brillanten macht.

Und genau hier liegt das Problem. Was wir in der westlichen Welt unter „Erziehung" verstehen, kommt in etwa dem gleich, den Diamanten in eine Schleifmaschine zu stecken, um das aus ihm werden zu lassen, was sich die Eltern selbst unter einem wundervollen Diamanten vorstellen.

Erinnerst du dich an deine eigene Erziehung?", fragte Anton mich. „Auch du wurdest geformt. Geformt, so wie deine Eltern auch geformt wurden. Du wurdest mit Verboten und Glaubenssystemen überhäuft, wie das Leben zu sein hat. So wurdest du zu dem erwachsenen Matthias, der du heute bist. Du formtest deine Vorstellungen darüber, wie du dich in der Welt dir selbst und anderen gegenüber verhalten sollst, indem du beobachtetest, wie beispielsweise deine Eltern sich selbst behandelten, und indem du erlebtest, wie man dich behandelt hat."

Oh ja, ich erinnerte mich: Ich hatte von meinen Eltern gelernt, ein *braver* und *vernünftiger* Junge zu sein und nicht ein Junge mit Träumen von *Superman*. Eben ein Junge, der seine eigenen Gefühle und Bedürfnisse immer den anderen unterzuordnen hatte. „Nur so kannst du in der Gesellschaft überleben", bekam ich oft von meinem Vater zu hören. Superman landete also in der Schublade der Spinnerei. Ich erlebte meinen Vater als hart arbeitenden und hilfsbereiten Mann, für den seine Karriere einen hohen Stellenwert hatte, weil ihm die Anerkennung in seiner Familie und in seinem freundschaftlichen Umfeld immens wichtig war. Sozialhilfe empfangende Menschen galten in seinen Augen als Nichtsnutze. Er benutze sogar einmal den Ausdruck „Parasiten der Gesellschaft".

Außerdem gab es noch Sprüche wie: „Ohne Fleiß keinen Preis", „Erst die Arbeit, dann das Spiel", „Schaffe, schaffe, Häusle baue", u.v.m.

Ich hatte sehr viele Wesenszüge und Glaubenssätze von meinem Vater über-

nommen und konnte schon jetzt gut erkennen, warum meine Arbeitslosigkeit für
mich solch eine Katastrophe darstellte.

„Siehst du", sagte Anton. „Irgendwann
hast du deinem eigenen inneren Kern den
Rücken zugewandt. Aus dem Rohdiamanten ist der geschliffene Diamant geworden, der du heute bist. Und der hat
leider nur noch sehr wenig mit dem
Matthias zu tun, der du ursprünglich einmal werden wolltest und solltest."

Gab es tatsächlich mal einen Matthias,
der frei von allen Begrenzungen war?
Gab es tatsächlich meine mir eigenen
Talente und Fähigkeiten? Gab es tatsächlich in mir die Anlage zu einem Matthias,
der in Gelassenheit und innerem Frieden
leben konnte? Einen Matthias, der wieder
zu träumen vermochte?

„Wenn du dich von deinem ursprüngli-
chen Kern abwendest, was die meisten
Menschen tun, verlierst du deine eigenen
Wurzeln", klärte Anton mich auf.

„Das unterscheidet dich als Menschen von mir. Ich brauche lediglich Wasser, Sonne und eine gute Erde, um gesund und kräftig zu gedeihen.

Du aber brauchtest als Kind neben der Nahrungsaufnahme die Liebe und Fürsorge deiner Eltern und später noch weitere liebende Menschen um dich herum, damit du dich hier auf der Erde willkommen fühltest. Nun bist Du angewiesen auf die ständige positive Rückmeldung im Außen, damit du dich als *ich bin okay* fühlen kannst.

7

Ich atmete schwer aus. Das war nun alles wirklich ein bisschen zu viel für mich und ich kuschelte mich völlig erschöpft in meine kleine Wurzelmulde von Anton, um all diese Informationen in Ruhe sacken zu lassen.

Lebte wirklich noch ein kleiner *Superman* in mir? Vielleicht nicht der *Superman* aus meiner kindlichen Phantasie, der durch die Lüfte flog und von Hausdach zu Hausdach sprang, aber ein mutiger, forscher und angstfreier Matthias? Das wäre schon *super* und *Superman* genug.

Vor mir sah ich jetzt einige Ameisen emsig ihre Arbeit verrichten. Ich hatte mal gelesen, dass Ameisen bis zum Hundertfachen ihres eigenen Körpergewichtes schleppen können. Deshalb war ich nur wenig verwundert, als ich sah, dass eine

Ameise sich mit einem von Antons Blättern abmühte.

Es tat mir gut, mich auf dieses kleine Schauspiel der Ameisen einzulassen, und ich merkte plötzlich, wie müde ich wurde.

Ich musste wohl wieder eingenickt sein, denn als ich die Augen öffnete, stand vor mir eine große dunkle Box mit einem aufgezeichneten weißen Fragezeichen.

„Da bist du ja wieder", begrüßte Anton mich. „Ich habe dich wohl etwas überfordert, nicht wahr?"

Das konnte er wohl laut sagen. Sicher hatte ich seine Worte verstanden, aber sie für mich zu etwas Sinnvollem zusammen zu fügen, davon war ich noch weit entfernt.

„Du musst wissen", erklärte Anton mir, dass alles, absolut alles, was du vom Tag deiner Zeugung an auf emotionaler und gedanklicher Ebene erlebt hast, in dir gespeichert ist. In all deinen über 60 Billionen Zellen sind diese Erlebnisse noch aktiv. Anfangs – bevor das Denken einsetzte – gab es nur das Gefühl. Du hast alle Stimmungen um dich herum *erfühlt*. Diese Art von *Fühlen* ist es, was deine Seele gerne beibehalten hätte, denn sie braucht das *reine Fühlen,* um sich erfahren zu können.

Leider ist es aber so, dass sich ungefähr ab dem dritten Lebensjahr das Denken dazu gesellt und die Gefühle oftmals in den Hintergrund geraten, weil das Denken die Oberhand gewinnt. Alle Erlebnisse, die nach dem dritten Lebensjahr gespeichert werden, sind den Altersstufen entsprechende, *bewertete* Gefühle."

Dass ich Anton jetzt mit erstaunten Augen ansah, war er wohl inzwischen gewohnt. Ein großes Fragezeichen stand mir offenbar auf der Stirn geschrieben. Mit einem Beispiel machte Anton mir deshalb seine Ausführungen sofort klarer:

„Ein Säugling", so erklärte er mir", erfühlt genau, wie es der Mutter geht. Wenn die Mutter Unruhe ausstrahlt, so reagiert er sofort darauf. Er spürt auch, ob die Zuneigung der Mutter tief aus dem Herzen kommt oder nur eine Pflichterfüllung ist.

Schon in den ersten Lebensmonaten bekommt so ein kleines Menschenwesen genau mit, ob die Stimmung zwischen Mutter und Vater gut ist, oder ob die Ehe problembehaftet ist. Es fühlt, ob es auf der Erde willkommen ist oder eher als Störfaktor angesehen wird."

„Wie soll das gehen?", hörte ich mich fragen. Das, was Anton mir da erzählte, konnte ich kaum glauben. Ein Kind, so heißt es doch immer, bekommt in dem Alter noch gar nichts mit.

Anton bat mich jetzt darum, meine Hand zu betrachten. „Das, was du in fester Form als eine Hand erkennst, ist unter einem hochauflösenden Mikroskop betrachtet ein reines vibrierendes Energiefeld. Alles um dich herum – mich eingeschlossen", so fuhr er weiter fort, „ist reine Energie. Energie ist ständig in Bewegung, ständig in *Schwingung*."

Um es mir noch verständlicher zu de-
monstrieren, bekam ich nun die Aufgabe,
mich fünf Minuten stehend zu schütteln.
Als mein Körper wieder zur Ruhe kam,
konnte ich sie in mir spüren, diese flie-
ßende Energie. Wow, was für ein Erleb-
nis!

Nun durfte ich auch Antons Energiefluss
spüren, indem ich meine Hände um seinen Baumstamm legte. Als es in mir – mit
Antons Hilfe – ganz still wurde, spürte ich
die Energie, die von Anton ausging.

„Alles ist auf Sendung. Alles um dich herum sendet ständig Energie aus. Als du
als Säugling noch nicht durch die Gedanken *belastet* warst, hattest du die

Schwingungen der Eltern noch sehr genau fühlen können.

Ich als Baum kann – wie ein Säugling – auch nicht denken und trotzdem kann ich alles von dir über eben diese energetische Schwingungsebene aufnehmen. Sicher hast du schon gemerkt, dass du für mich ein offenes Buch bist, aus dem ich lesen kann", gab Anton mir schmunzelnd zu bedenken.

„Auch bei Tieren kannst du dies sehr gut beobachten. Viele Haustiere, besonders Hunde und Katzen, reagieren sehr sensibel auf den Gemütszustand ihrer Besitzer, obwohl auch sie nicht zu den *Denkern* gehören.

Du kennst sicher den einen oder anderen Menschen, der versucht, sich hinter einer Maske aus guter Laune zu verbergen. Dennoch spürt man sehr genau, dass hinter dieser Maske Traurigkeit und Kummer zu Hause sind."

Oh ja, auch hier kam sofort wieder eine Erinnerung in mir hoch. Es war noch gar nicht so lange her, als morgens der Kollege ins Büro kam und ich genau spürte, dass irgendetwas ihm schwer zu schaffen machte, er es aber den ganzen Tag über mit gespielt guter Laune zu verbergen versuchte. Erst durch ein Telefonat, das er führte, und welches ich zufällig mitbekam, bestätigte sich mein *Gefühl*, dass in ihm Schmerz und Traurigkeit wohnten. Offensichtlich hatte er einen großen Streit mit seiner Ehefrau.

Anton erklärte mir jetzt, dass jedes Gefühl und jeder Gedanke reine Energie sind.

„Heute morgen", so erinnerte er mich daran, „warst du noch voller Energie und Tatendrang. Du hattest positiv gestimmte Gedanken, die dich *beschwingt* in das Büro deines Chefs führten. Als du das Büro wieder verlassen hast, tendierte deine Energie gegen Null und du bist irgendwann völlig ausgelaugt hier an meinem Baumstamm gelandet.

Hieran kannst du sehr gut erkennen, wie sehr deine Gedanken und Gefühle deinen Energiefluss steuern.

Wir denken ca. 60.000 Gedanken am Tag. Der Mensch kann nicht *nicht* denken, genau wie er nicht *nicht* fühlen kann. Ständig laufen Gedanken und Gefühle in dir ab, auch wenn du es gar nicht mitbekommst. Du kannst es nicht abstellen, es ist einfach immer da.

Und damit kommen wir zu der Box, die du vor dir stehen siehst. Es ist die sogenannte „Black-Box". Sie ist zu vergleichen mit der Festplatte eines Computers, die alle Gefühle und Gedanken deines Lebens gespeichert hat.

Sogar an den Tag deiner Geburt könntest du dich unter bestimmten Voraussetzungen (z. B. Hypnose) noch erinnern, mit allen dazugehörenden Gefühlen. Nichts geht verloren.

So wie auf der Festplatte eines Computers einzelne Daten zu einem Programm zusammengeführt werden, so geschieht dies auch beim Menschen in Form von Glaubenssätzen.

Nimm dir hier das Beispiel deines Vaters, der dir nicht nur durch seine Worte beigebracht hat, dass du immer fleißig sein musst, um Anerkennung in der Gesellschaft zu erhalten. Er hat es dir auch vorgelebt. Aus diesem Grunde ist für dich die Arbeitslosigkeit ein riesengroßer Makel.

Zuerst waren es durch die wiederholten Aussagen nur einzelne Daten, die du in deinem Leben unbewusst abgespeichert hast. Glaubenssätze wie: ‚Erst die Arbeit, dann das Spiel', ‚Wer was erreichen will, muss hart dafür arbeiten', ‚Erfolg hat immer mit Fleiß zu tun', ‚Erfolg schafft Respekt' und viele mehr, sie trugen dazu bei, dass sie sich auch in dir zu Glaubenssätzen manifestiert haben. So könnte einer deiner Glaubenssätze heißen: ‚Ich muss immer hart arbeiten und Erfolg haben, um ein angesehenes Mitglied der Gesellschaft zu sein'.

Durch die Kündigung fühlst du dich deshalb nun als Versager und allein der Gedanke daran, dass dein Umfeld davon erfährt, führt bei dir zur Schnappatmung.

Dies alles sind Vorgänge, die dir nicht bewusst sind, aber trotzdem jeden Tag dein Leben steuern und beeinflussen. Und da sie dir nicht bewusst sind, kannst du sie auch nicht steuern, und man kann sagen, dass die Vergangenheit dein Leben lebt.

Von dem, was du in deiner Black-Box gespeichert hast, sind dir leider nur ca. 5% bewusst (daher der Name „Black-Box"), alles andere liegt im Unbewussten. Was aber dein Leben zumeist steuert, ist nicht das Bewusstsein, sondern das, was da tief in dir vergraben und teilweise verdrängt im Unterbewusstsein liegt.

80% eures Tagesablaufs sind automatische Handlungen, die ihr irgendwann in der Vergangenheit gelernt habt und die jetzt als unbewusste Programme laufen.

Sicher kennst auch du Situationen aus deinem Leben, in denen du in Bruchteilen von Sekunden auf eine Situation reagiert hast und dich hinterher vielleicht sogar dafür geschämt hast, so gehandelt zu haben. In diesen Momenten des Han-

delns aber konntest du nicht anders reagieren. Dein Unterbewusstsein hat auf die
Situation reagiert, bevor sie überhaupt ins
Bewusstsein gedrungen ist und du vielleicht angemessener hättest reagieren
können."

Sofort kam mir eine Situation der letzten
Woche in den Sinn, in der ich auf eine
Handynachricht meines besten Freundes
sehr schroff reagiert hatte. In jenem Moment traf mich die Nachricht wie eine
Speerspitze und ich reagierte in Sekun-
denschnelle.

Das muss wohl so eine Situation gewesen sein. Mein Unterbewusstsein ging auf
Verteidigung, noch ehe mein Bewusstsein
vernünftig abschätzen konnte, was mein
Freund mir wirklich mitteilen wollte. Und
ja, ich hatte mich für meine Antwort geschämt und tue es auch heute noch.

Was für eine Erkenntnis! Dann ist es ja
so, dass wir Menschen in unserem Miteinander eigentlich nie aus der aktuellen
Situation heraus miteinander kommuni-

zieren, sondern fast immer aus den Programmen der Vergangenheit.

8

Wie eine Pflanze, die ans Licht wollte, regte sich in mir das Bedürfnis, mich endlich kennen zu lernen und den Inhalt meiner Black-Box ins Bewusstsein zu holen. Deshalb fragte ich Anton, wie ich dies nun bewerkstelligen könne.

Anton lächelte und sagte nur: „Langsam, mein Freund, zunächst einmal musst du noch ein wenig über das Denken erfahren, bevor du dich in die *Höhle des Löwen* begibst.

Jeder Gedanke", erklärte er mir deshalb geduldig weiter, ist an eine Bewertung geknüpft. Du kannst nicht denken ohne zu bewerten. Alles was du siehst und hörst, wird automatisch mit einer Bewertung belegt. Diese Bewertungen haben aber nichts mit *Wahrheit* zu tun, sondern sind lediglich deine Wahrnehmung, die

sich aus deinen gespeicherten Daten er-
geben hat."

Wieder schaute ich Anton ratlos an. Er
wollte doch jetzt nicht daher kommen und
die gesamte *Realität* aus den Fugen he-
ben! Das, was ich bislang in meinem Leben erfahren hatte, waren doch nun einmal unabänderliche Tatsachen oder etwa
nicht? Schließlich stammten ja aus diesen
Erfahrungen heraus meine Bewertungen.

Anton bat mich jetzt darum, die Finger
meiner beiden Hände zu spreizen und vor
die Augen zu halten. „Nun", fragte er
mich, „wie ist jetzt Deine Sicht?". „Ver-
zerrt", antwortete ich, weil ich nicht mehr
klar sehen konnte.

„Jeder der über 7 Milliarden Menschen auf der Welt trägt eine eigene Brille, durch die er die Welt betrachtet. Die Brillen sind getönt durch die Erfahrungen, welche die Menschen in ihrem Leben gemacht haben. Selbst wenn sich diese Erfahrungen bei vielen Menschen gleichen, so bleiben sie dennoch bei jedem Menschen individuell, weil – du erinnerst dich – jeder eine eigene Persönlichkeit mit auf die Welt bringt. Und wie ich schon zuvor erwähnt habe, gehen keine Daten verloren, d. h., wenn dir Deine Mutter als dreijährigem Bub gesagt hat, du seist ein Tollpatsch, weil Du *mal wieder* über deine eigenen Füße gestolpert bist, so hast du diese Information aus dem Entwicklungsstand eines dreijährigen Jungen heraus gespeichert.

Du hattest als Dreijähriger noch nicht die Erfahrung und Lebensweisheit, dass du gar kein Tollpatsch sein kannst, bloß weil du in deiner kindlichen Eile über die eigenen Füße gestolpert bist, sondern für dich ist dieser Tollpatsch als *Wahrheit* gespeichert. Und wenn Du diese Fehlinformation in Deinem Speicher noch nicht korrigiert hast, dann ist der Tollpatsch auch heute noch aktiv."

Dazu fiel mir sofort ein Spruch von Henry Ford ein: „Ob du denkst, du kannst es, oder du kannst es nicht: Du wirst auf jeden Fall recht behalten." Jetzt konnte ich dieses Zitat endlich richtig einordnen. Wenn ich also heute noch dachte, ein Tollpatsch zu sein, dann war ich auch einer.

Anton schmunzelte und fuhr mit seinen Ausführungen fort. „Aus diesen Erfahrungen heraus sehen und bewerten die Menschen die Dinge um sich herum. Da jeder Mensch aber eine andere Brille auf der Nase hat, kann es immer nur ein Teil der Landkarte sein, die er sieht, und niemals die vollständige Welt."

Da Anton, wie ich ja inzwischen wusste, in mir lesen konnte, gab er mir sofort wieder ein Beispiel für ein besseres Verständnis.

„Erinnerst du dich noch an deinen letzten Urlaub in China? Hast du dort nicht das Essverhalten der Chinesen stark kritisiert? Auch ihre *Höflichkeit* hast du als völlig übertrieben empfunden. Der Chinese findet es beispielsweise unhygienisch, bei Tisch ein Taschentuch zu benutzen. Stattdessen zieht er seinen Schnodder hoch. Veronika und du empfanden das als äußerst abstoßend. Doch in ein Taschentuch zu schnäuzen, zumindest in der Öffentlichkeit, ist auch in anderen Kulturkreisen immer noch ein Tabu."

Donnerwetter! Nun wurde mir einiges klarer. Wie oft konnte ich Veronika in ihren Handlungen und Denkansätzen nicht verstehen, weil sie sich so sehr von den meinen unterschieden. Sie träumte beispielsweise schon lange davon, sich mit einer kleinen Geschenkboutique selbständig zu machen, und konnte meine Angst vor dem Scheitern so gar nicht nachvollziehen. Ich hingegen empfand ihr Denken teilweise naiv und blauäugig. Veronikas Vater war schon lange mit einem gut laufenden Elektrogeschäft selbständig und hatte – verglichen mit meiner Erziehung – eine völlig andere Sichtweise auf die Begriffe Arbeit, Erfolg, Selbstverwirklichung, Sicherheit usw. Wie oft hatten wir uns deshalb schon gestritten und uns kostbare gemeinsame Zeit verdorben, weil wir auf unserer jeweiligen Meinung als der einzig gültigen Wahrheit beharrt hatten.

Gerade hatte ich das Gefühl, dass das, was ich hier in der kurzen Zeit von Anton gelernt hatte, mehr war, als ich es in den fünfunddreißig Lebensjahren zuvor getan hatte.

Plötzlich veränderte sich meine ganze Sichtweise auf die Menschen und Geschehnisse um mich herum und ich hatte das Gefühl, dass Anton noch lange nicht fertig war.

Ich bekam jetzt eine *ganz kleine* Ahnung davon, dass die Gedanken meines Chefs bezüglich der Umstrukturierung des Verlages für mich deshalb nicht nachzuvollziehen waren, weil ich in meiner eigenen Welt festsaß. Wahrscheinlich brachte mein Nachfolger genau die (richtigen) Denkansätze mit, die das Ziel meines Chefs unterstützten.

Ein bisschen nahm diese Erkenntnis den Druck von meinen Schultern. Es hatte wahrscheinlich gar nichts mit meiner *Leistung* zu tun, sondern einfach nur mit einem neuen Weg, den ich in meinem Kopf noch gar nicht zulassen konnte.

Antons Gesichtsausdruck, wenn man bei einem Baum davon sprechen konnte, entnahm ich, dass ich mit meiner *kleinen Erleuchtung* auf dem richtigen Weg war.

„Deine Gedanken", klärte mich Anton weiter auf, „sind zumeist aus der Vergangenheit oder projizieren die Vergangenheit in die Zukunft. Sie werden gefüttert aus dem Inhalt deiner Black-Box. Du kannst nichts anderes denken, als das, was an Daten in dieser Box gespeichert ist. Genauso, wie du nichts von einer Festplatte eines Computers abrufen kannst, was dort nicht gespeichert ist."

Schon lag mir ein Widerspruch auf den Lippen, als Anton fortfuhr und mir erklärte, dass es sich bei diesen Gedanken natürlich nicht um jene handelt, bei denen wir konzentriert im Job einer Tätigkeit nachgehen (z. B. ein Skript Korrektur lesen), sondern um all die Gedanken, die während der täglichen Routineverrichtungen fortwährend durch unseren Kopf „blubbern". Morgens beim Aufstehen und Erledigen der Morgentoilette angefangen, bis der Verstand abends vom Schlaf abgelöst wird. Selbst wenn wir neuen Input (z.B. beim Fernsehschauen) aufnehmen, sind unsere Gedanken unbewusst aktiv.

„Weißt du noch, was du gedacht hast, als dein Körper heute morgen unter der Dusche stand?", fragte mich Anton schmunzelnd. „Oder was beim Frühstück oder auf dem Weg zur Arbeit, im Büro deines Chefs oder auf dem Weg hierher in dir vorging?", fuhr er fort.

Ertappt!

„Leider ist es so, dass die meisten deiner Gedanken ein negatives Programm ent-

halten und aus der Angst des „nicht Ge-
nügens" heraus stammen. Das ist natürlich sehr schade und nimmt dir viel Spon-
tanität und Lebensfreude. Dein Leben ist
dadurch sehr eingeschränkt und erlaubt
keine großen Veränderungen, weil sie dir
Angst machen. Du versuchst, dich auf
einem dir vertrauten und sicheren Terrain
zu bewegen, bist aber dadurch nicht wirklich offen für die Abenteuer, die das Leben bereit halten könnte. Du warst Dir
z.B. sehr sicher, dass im Verlag alles so
weiter laufen würde wie bislang, und deshalb zu *geblendet,* um zu bemerken, dass
die Veränderungen sich eigentlich schon
lange eingeschlichen hatten. All die Bemerkungen über die Zukunft, die dein
Chef schon öfter fallen ließ, hast du sto-
isch ignoriert, weil sie nicht in deine Welt
der Wahrnehmung passten. Du hieltest
stattdessen an der Idee fest, dass dein
Fleiß dir schon recht geben würde."

Wieder einmal musste ich nach dieser
Belehrung von Anton ordentlich schlucken. Auch wenn ich mich noch dagegen
wehrte, gab es einen Teil in mir, der ge-

nau wusste, wie recht Anton damit hatte. Wie ein Flashback zeigten sich nun einige Gesprächssequenzen mit meinem Chef vor meinem inneren Auge, aus denen sehr deutlich hervor ging, dass seine Pläne in eine andere Richtung gingen. Aus Angst davor, für diese Stelle vielleicht nicht mehr in Frage zu kommen, hatte ich sie ignoriert und mich verbissen an die Arbeit gemacht, um zu beweisen, dass mein altes Muster – mit Fleiß jedes Ziel zu erreichen – auch hier wieder greifen würde.

Das anzunehmen, fiel mir nicht leicht und ich hatte gerade ein bisschen das Gefühl, durch die Hölle zu gehen.

Tränen liefen mir nun über die Wangen, und ich stand kurz vor einem Wutanfall. Am liebsten hätte ich eine Axt genommen, um auf Anton einzuschlagen, weil ich mich so verletzt fühlte durch seine Aussagen.

Ich fühlte mich bestraft vom Leben. Ich hatte doch schließlich immer alles getan, mich bemüht, keinem Menschen je Leid zugefügt - und nun die Erkenntnis, dass irgendwie trotzdem alles mit mir zusammen hing.

Ich wollte gerade Opfer sein und bleiben und konnte deshalb die Verantwortung für mein Desaster nicht übernehmen.

9

Es war so verdammt schwer, anzunehmen, dass *ich* mich verändern musste, damit sich die Welt um mich herum veränderte.

Wie immer erspürte Anton meinen hilflosen inneren Zustand und bat mich ganz einfach darum, mich auf seinem Wurzelwerk niederzulassen und mich nur noch auf meinen Atem zu konzentrieren. Obwohl ich ihn lieber getreten hätte, als seinen Anleitungen zu folgen, setzte ich mich – aus purer Hilflosigkeit - irgendwann trotzdem.

Ich weiß nicht, wie lange ich dort saß. Aber ich spürte, wie im Laufe der Zeit - durch das ruhige Atmen - meine Wut nachließ und einem tiefen Schmerz Platz machte. Auch diesen Schmerz, so leitete Anton mich an, sollte ich einfach da sein lassen und mich weiterhin nur auf das

Atmen konzentrieren. Irgendwann – tief unter dem Schmerz – lag ein wunderbarer Frieden, der sich danach in mir ausbreitete. Und mit diesem Frieden schlief ich ein.

Inzwischen kann ich mich durch diese Situationen, die, wie ich nun weiß, ebenso wie Freude und Leichtigkeit zum menschlichen Dasein gehören, sehr gut alleine steuern. An diesem Tag aber hätte ich es ohne Antons Hilfe niemals geschafft.

Als ich wenig später wieder aufwachte, gelang es mir, wieder ruhiger und aufgeschlossener über Antons Aussagen und meine eigene schmerzhafte Erkenntnis nachzudenken. Aber viele neue Fragen taten sich in mir auf.

Ich fragte Anton deshalb, ob es die Menschen, die immer gut drauf sind und das Leben in purer Freude und Leichtigkeit genießen, überhaupt geben würde.

„Natürlich gibt es auch diese Menschen", gab Anton mir recht, „aber viele, von denen du denkst, dass sie ihr Leben in Sonnenschein verbringen, tragen nur eine Maske, unter der viel Traurigkeit und Schmerz versteckt ist."

An dieser Stelle dachte ich intensiv darüber nach, wer in meinem Umfeld wirklich so losgelöst und frei lebte, und ich musste mir eingestehen, dass es da niemanden gab.

Alle um mich herum hatten mit ihren kleineren oder größeren Baustellen zu kämpfen. Auch alle anderen saßen wohl – genau wie ich – in ihrer eigenen eingeschränkten Wahrnehmungsfalle, in ihrer eigenen Black-Box fest.

Ein Streit mit Veronika kam mir in den Sinn, in dem sie darauf beharrte, dass nur ich mich in dem Punkt, um den es ging, verändern müsse und schon sei das Problem gelöst. Auch sie konnte an jenem Tag nicht sehen, dass sie hätte nur ihren eigenen Blickwinkel verändern müssen, um Dampf aus dieser Situation zu nehmen.

10

Wie schon vorher aus dem Nichts die Harke und die Black-Box aufgetaucht waren, stand jetzt plötzlich ein Radio vor mir.

„Suche dir mal einen Sender aus, den du gerne hören magst, und stelle das Radio entsprechend ein", forderte Anton mich auf.

Ich tat wie befohlen und meine allzeit ge liebten Oldies erklangen.

„Du hast an dem Radio einen bestimmten *Sender* eingestellt, der auf Frequenz mit deinen Wünschen gegangen ist und den du jetzt empfängst", kommentierte Anton mein Handeln.

„Dies ist das Gesetz der Resonanz. Eines der wichtigsten Gesetzmäßigkeiten im ganzen Universum."

Wieder merkte ich, wie sich Wut in mir ausbreitete, die ich gerne an Anton ausgelassen hätte.

Das, was aus seinem Mund so *selbstverständlich* klang, war für mich unvorstellbar.

Zugleich erinnerte ich mich aber daran, ein Gespräch zweier Kollegen belauscht zu haben, in dem einer dem anderen von einem energetischen Gitternetz erzählt hatte, das die NASA fotografiert haben sollte. Er hatte es im Internet entdeckt und war völlig begeistert. Wenn wir in unserer energetischen Kraft sind, so könnten wir eine ganze Stadt beleuchten. Wir müssten diese Energie nur in Volt übertragen!", schwärmte er damals.

Ich weiß noch, wie ich über diesen „Unsinn" gelächelt hatte. Jetzt begann ich, anders darüber zu denken.

Ich schüttelte mich und versuchte wieder, Antons Schilderungen zu folgen.

„Das Radio sendet elektromagnetische Schwingungen durch den eingestellten Sender aus", fuhr dieser fort, „welche dann *andocken* und empfangen werden.

So wie beim Radio, ist es auch beim Menschen und allen anderen Lebewesen. Die in deiner Black-Box aktiven Programme sind ständig auf Sendung und beeinflussen so dein Leben."

Nun ging Anton zu weit. Er wollte doch jetzt wohl nicht herkommen und mir erzählen, dass ich meine Kündigung selbst herbei *gesendet* habe!

Wie immer steckte Anton auch diesen kleinen Wutanfall gelassen weg und konfrontierte mich stattdessen mit Fragen:

„Hast du deinen Job geliebt?"

„Hast du nicht oftmals auf die Überstunden geschimpft, weil Du mal wieder einen Skatabend mit deinen Freunden verpasst hast? Und doch hast Du trotz Deiner Empfindungen die Überstunden wie selbstverständlich gemacht."

„Kommst du nicht oftmals mit Magenschmerzen nach Hause, weil du glaubst, dass dein Chef immer und immer wieder das Haar in der Suppe in deiner Arbeit sucht?"

„Wie oft hast du dir schon ausgerechnet, ob du mit dem Gehalt als Verlagsmanager wirklich später das gewünschte Eigenheim und die Familie finanzieren kannst?"

„Ich frage dich: Wie viel aus ganzem Herzen kommendes ‚ja ich will' steckt wirklich hinter dem Verlagsmanager in Dir?"

Oh je. Wieder stieg mir die Schamesröte ins Gesicht. Ich fühlte mich entlarvt und wusste instinktiv, dass Anton nur eine Handvoll an Widersprüchlichkeiten, die in mir rumorten, herausgefischt hatte. Ich hatte diese Karriere so selbstverständlich angestrebt und ich war mir so sicher, dass mein Vater stolz auf mich gewesen wäre. Nur hatte ich die Widerstände, die sich schon seit Monaten in mir auftaten, immer wieder verdrängt.

Tränen kullerten mir jetzt über die Wangen und Anton beugte seinen Stamm, so dass seine Äste mich tröstend umschließen konnten.

Er forderte mich erneut dazu auf, langsam und tief zu atmen, und ich merkte, diesmal nur schon viel schneller, dass sich Ruhe und Frieden in mir ausbreiteten.

„Lass dir die Zeit, die du brauchst", flüsterte mir Anton zu. „Wenn Du soweit bist, dann lass dich auf meinem Wurzelwerk nieder."

Während ich mich beruhigte, erzählte mir Anton nun die Geschichte von James Aggrey, in der es um einen Adler geht, der auf einem Hühnerhof aufwuchs:

Ein Mann – so wird erzählt – fing sich im Wald einen jungen Adler.

Er nahm ihn mit nach Hause und steckte ihn zu seinen Hühnern in den Hühnerstall. Er gab ihm Hühnerfutter zu fressen, obwohl er doch ein Adler war, der König der Vögel, der König der Lüfte!

Nach fünf Jahren kam einmal ein anderer Mann zu Besuch, der verstand etwas von Naturkunde. Dem fiel der Adler auf und er sagte: "Der Vogel dort ist kein Huhn, sondern ein Adler." "Ja", sagte der Mann, "das stimmt. Aber ich habe ihn zu einem Huhn erzogen. Er ist jetzt kein Adler mehr, sondern ein Huhn." "Nein", sagte der andere, "er ist noch immer ein Adler, denn er hat das Herz eines Adlers, und das wird ihn hoch hinauffliegen lassen in die Lüfte". "Nein, nein", sagte der Mann, "er ist jetzt ein richtiges Huhn geworden und wird niemals mehr wie ein Adler fliegen".

Darauf beschlossen sie, eine Probe zu machen. Der vogelkundige Mann nahm den Adler, hob ihn in die Höhe und sagte beschwörend: "Der du ein Adler bist, der du dem Himmel gehörst und nicht dieser Erde, breite deine Schwingen aus und fliege!" Der Adler auf der hoch gestreckten Faust blickte sich um. Hinter sich sah er die Hühner nach ihren Körnern picken und er sprang zu ihnen hinunter und pickte mit.

Der naturkundige Mann gab aber noch nicht auf. Am nächsten Tag stieg er mit dem Adler am Arm auf das Dach des Hauses, hob ihn empor und sagte: "Adler, der du ein Adler bist, breite deine Schwingen aus und fliege!" Aber als der Adler wieder die scharrenden Hühner im Hof erblickte, sprang er zu ihnen hinunter und scharrte mit.

Da sagte der Mann: "Ich habe es dir ja gesagt, er ist ein Huhn und er bleibt ein Huhn." "Nein", sagte der andere, "Er ist ein Adler und er hat noch immer das Herz eines Adlers. Lass es uns noch ein einziges Mal versuchen. Morgen werde ich ihn fliegen lassen.

Am nächsten Morgen ging er mit dem Adler vor die Stadt auf einen hohen Berg. Er hob den Adler empor und sagt zu ihm: "Adler, du bist ein Adler. Du gehörst dem Himmel, nicht dieser Erde. Breite deine Schwingen aus und fliege!" Der Adler zitterte, aber er flog nicht. Da ließ ihn der naturkundige Mann direkt in die Sonne schauen und plötzlich breitete der Adler seine Schwingen aus, erhob sich mit dem Schrei eines Adlers in die Luft und kehrte nie wieder zurück.

So, wie dem Adler auf dem Hühnerhof, geht es leider den meisten Menschen. Sie übernehmen die Urteile und Meinungen anderer Menschen. Maßgeblich natürlich die der Eltern, dann die von Verwandten, Lehrern, Freunden, Vorgesetzten, usw. Nur wenige Menschen hinterfragen, ob die Wahrheit der anderen, die sie als Kind übermittelt bekamen, auch heute noch der Wahrheit für das eigene Leben entspricht.

„Als du noch klein warst", richtete Anton sich jetzt wieder direkt an mich, „hast du oft zu hören bekommen: ‚Das kannst du nicht.', ‚Du darfst nicht aus der Reihe tanzen.', ‚Wenn alle das machen, dann wird es schon richtig sein.', usw.. So vieles, was dir mitgegeben wurde, hast du unbewusst leider als Wahrheit in deinem Kopf gespeichert."

„Aber wie kann ich herausfinden, was mein wahres Ich ist? Wie kann ich herausfinden, ob nicht auch ich ein Adler bin, der sich – ich vermute fast, dass es so ist – nur wie ein Huhn verhält?"

„Weißt du", fuhr Anton fort, „ob Huhn oder Adler ist eigentlich gar nicht so wichtig. Alles was zählt ist, dass du den Zugang zu deinem Herzen findest und glücklich bist. Überlege einmal, wie es wäre, wenn dich deine Gedanken nicht mehr begrenzen würden. Wenn du anfängst, über das hinauszuwachsen, was dich bislang auf dem Boden hielt. Dann wirst du automatisch deine ureigenste Berufung und Bestimmung finden."

Wenn ich die Geschichte vom Adler richtig verstanden hatte, musste wohl doch ein Superman in mir begraben liegen, den es sich lohnen würde, ans Tageslicht zu befördern. Wenn ich nur wüsste wie!

11

„Wir werden uns zunächst noch einmal etwas mit dem Thema *Gedanken* beschäftigen, damit dir noch klarer wird, dass in ihnen die Ursache allen Übels begraben liegt. Durch die Bewusstwerdung deiner Gedanken, kannst du die Wahrheit über dich in Erfahrung bringen, denn durch sie erkennst du, wie es um deine Wurzeln steht."

Anton forderte mich jetzt auf, eine seiner Eicheln in die Hand zu nehmen und diese fünf Minuten lang intensiv zu betrachten. Nur die Eichel sollte noch meine Aufmerksamkeit auf sich ziehen. Als die Zeit um war, berichtete ich Anton frustriert, dass diese Übung ein Ding der Unmöglichkeit für mich gewesen sei, da ständig Gedanken in meinem Kopf herum spukten. Durch diese simple Übung wurde mir tatsächlich das erste Mal bewusst, dass ich praktisch ununterbrochen *denke*.

Auch hatte ich festgestellt, dass meine Gedanken völlig chaotisch, nicht zusammenhängend, unvorhersehbar und oft sehr widersprüchlich gewesen waren.

Anton lächelte: „Siehst du", sagte er, „und dies war nur ein Ausschnitt von fünf Minuten eines ganzen Tages.

Die Gedanken führen eine Art Eigenleben und kreieren ständig neue Modelle der Wirklichkeit in Form von Ideen und Meinungen über uns selbst und andere Menschen. Das Denken besteht zum großen Teil aus Beurteilungen und Bewertungen von allem *was ist* und entwickelt in einem fort Vorstellungen und Meinungen über Dinge.

Wir etikettieren uns selbst, urteilen über uns und glauben dann diesem Urteil. Indem wir es dann glauben, verengen wir die Sicht auf das, was real und was wirklich wahr ist.

Jeder Gedanke ist an eine Bewertung geknüpft. Wir können nicht Denken ohne zu bewerten."

Einerseits wünschte ich mir - nach diesem Vortrag von Anton - ich könnte meine Gedanken einfach abstellen, andererseits machte mir diese Vorstellung gleichzeitig aber auch sehr viel Angst. Was wäre von mir noch übrig, gäbe es meine Gedanken nicht? Und war es nicht ein Stück weit auch gut, Dinge zu bewerten, um sich beispielsweise vor Gefahren zu schützen? Es gab doch schließlich eine Vergangenheit und ich hatte doch aus *Erfahrung* gelernt, auf bestimmte Dinge so oder so zu reagieren, oder nicht?

Erneut machte ich die Erfahrung, dass Anton meine Gedanken lesen konnte, denn ohne, dass ich sie laut aussprach, erzählte er mir etwas über das Leben von Bäumen.

„Der Verstand ist dem Menschen zu eigen. Ein Baum kennt das *Denken* nicht. Alles was er tut, kommt aus einer Ebene, zu der du den Zugang verloren hast", erläuterte mir Anton jetzt. „Und diese Ebene, ich habe es eben schon einmal angesprochen, ist die Herzensebene."

Ich schaute Anton skeptisch an. Wollte er mir jetzt erzählen, er hätte ein Herz? Sofort schämte ich mich für den Gedanken und war froh, dass Anton nicht darauf einging.

„Da ich schon viele Menschen in meinem langen Leben ,erlebt' und beobachtet habe und du inzwischen weißt, dass ich Gedanken lesen kann, versichere ich dir, dass euch allen zu eigen ist, euch nach Liebe und Annahme zu sehnen, weil ihr zumeist den Zugang zu euren eigenen Wurzeln und damit auch zu eurer Herzensebene verloren habt.

Du glaubst, dein Leben und andere Dinge an diesem Job festmachen zu müssen. Wenn du nur sehen könntest, dass du, genauso wie du bist, absolut vollkommen bist! Und wenn du das siehst und erkennst, dann endlich verbindest du dich wieder mit deiner Herzensebene.

Wir Bäume z. B. sind frei jeglicher Gedanken. Wir reagieren mit unserem ganzen Sein auf die Umwelt. Bäume behalten nichts für sich zurück, sie sind ein authentisches Abbild des Bewusstseins.

Wir verfügen aber durchaus auch über eine Art *Sozialsystem"*, erklärte Anton weiter, „denn wir haben die Fähigkeit, uns mit artgleichen Exemplaren zusammenzuschließen und ein Baumnetzwerk zu bilden. Dazu verbinden wir uns direkt über Wurzelverwachsungen. Über diese Wurzelverwachsungen werden dann Nährstoffe und Informationen ausgetauscht. Auch wenn Du es nicht für möglich hältst, wissen Bäume, dass sie nur in der Gemeinschaft ein Ökosystem bilden können, welches Hitze- und Kälte abfedert, Wasser speichert und sehr feuchte Luft erzeugen kann. Deshalb ist jeder einzelne Baum im Wald wichtig.

Ein Baum würde niemals hinterfragen, ob er – so wie er ist – okay ist. Er schaut weder nach rechts noch nach links, ob andere Bäume besser, größer, kräftiger oder schöner sind. Er *ist* einfach nur. Er fühlt sich als Teil von Allem, was ist. Er ist da und macht aus dem, was ihm die Natur vorgegeben hat, täglich aufs Neue das Allerbeste.

Kleine Kinder sind uns da noch am nächsten. Es ist noch gar nicht so lange her, da spazierte eine kleine Familie durch dieses Waldstück. Der dreijährige Sohn hieß Max und hatte große Freude daran, den Wald in seiner Vielfalt zu entdecken. Die Eltern hingegen wälzten Probleme des Alltags miteinander und der Mann stolperte sogar über einen Ast, weil er gar nicht bemerkte, dass dieser vor seinen Füßen lag.

Max war körperlich und auch geistig im Wald, er war voll und ganz im HIER und JETZT. Die Eltern waren nur körperlich anwesend, während der Geist weit weg war. Das ist sehr schade, und ihr nehmt euch dadurch so viel an wundervollen Erfahrungen. Ihr beklagt euch immer darüber, wie schnell die Zeit vergeht und was ihr noch alles erleben wollt. Warum fangt ihr nicht einfach damit an, es im HIER und JETZT zu tun? Nicht einmal einen einfachen Spaziergang im Wald könnt ihr so erleben.

Ich möchte mir als Baum nicht anmaßen, über euch Menschen zu richten, aber ich spüre euren *hausgemachten* Schmerz und euren Kummer, und das macht auch mich traurig.

Ihr Menschen hortet und haltet fest, braucht *vermeintliche* Sicherheiten und unterbrecht damit einfach nur den Fluss des Lebens. Dinge kommen und gehen, genau wie die Blätter meines Baumes. Im Frühjahr erstrahlt meine Krone immer wieder erneut mit frischem Blätterwerk, im Herbst lasse ich alle Blätter los, damit sich mein Organismus erholen und regenerieren kann. Stelle dir nur einmal vor, wie es wäre, wenn ich die Blätter – aus Angst davor, keine neuen mehr zu bekommen – im Herbst festhalten würde. Das wäre wohl der Anfang vom Ende. Schrecklich, brr…

Ihr Menschen aber seid nicht in der Lage loszulassen. Ihr könnt nicht sehen, dass alles was geschieht, einem großen universellen Plan entspricht. Und glaube mir, lieber Matthias, wenn du auch jetzt noch meinst, dass der Verlust deines Jobs die

Katastrophe schlechthin ist, so wird dir irgendwann bewusst werden, wie gut und wie wichtig genau dieser Punkt in Deinem Leben war. Und ich hoffe, du denkst dann an mich und meinen kleinen Vortrag."

12

Wie könnte ich das jemals vergessen! So viele Erkenntnisse, so viel Annehmen und Klarheit im Laufe unseres tiefen Dialogs. Aber dann beschäftigte mich doch noch etwas: „Universeller Plan, was kann ich mir darunter vorstellen?", fragte ich Anton. Jetzt betraten wir schon wieder völliges Neuland für mich.

Und bevor ich dieses *mysterische* Neuland betreten wollte, bat ich Anton nochmals um eine kleine Auszeit. Ich wollte wie der kleine Max voll und ganz den Wald erkunden gehen.

So machte ich mich auf den Weg und versuchte mit all meinen fünf Sinnen, den Wald zu erleben. Als erstes sah ich ein kleines Eichhörnchen, das vor meinen Füßen her huschte und rasch an einem Baumstamm hochkletterte, um sich vor mir in Sicherheit zu bringen. War es eine Birke, die das Eichhörnchen erklomm? Spontan nahm ich mir vor, mich in naher Zukunft mit den Baumarten des Waldes auseinander zu setzen. Und so schaute ich nach oben und entdeckte viele unterschiedliche Blätterarten, die sich im Wind bewegten. Ich hörte eine nicht zu definierende Vielfalt an Vogelgezwitscher und anderen Geräuschen, die der Wald freigab, und roch sehr intensiv die wunderbar frische Luft, die mich umgab. In mir machte sich nach und nach ein Gefühl breit, von dem ich gar nicht mehr wusste, dass es in mir lebendig war.

Trotz des Friedens, der sich wohltuend in mir ausbreitete, war da aber auch eine Art von Lebendigkeit, ich glaube, der richtige Ausdruck war Glückseligkeit.

So setzte ich meinen Streifzug durch den Wald fort, bis ich mich wieder aufgeladen fühlte und mich vor Antons Stamm niederließ. Offen für Neues, spitzte ich meine Ohren, um ihm zu folgen.

Anton wollte mich mitnehmen auf eine kleine Phantasiereise ins Universum, wofür ich meine Augen schließen sollte.

„Stelle dir einfach einmal vor", so begann er seine Ausführung," du könntest fliegen:

Lass uns gemeinsam eine kleine Reise unternehmen als Erforscher des Universums.

Breite also deine Flügel aus, um in die Lüfte zu schweben. Fliege immer höher und höher. Die Stadt, in der du lebst, liegt nun bald unter dir, und du kannst sie aus der Vogelperspektive wahrnehmen. Fliege immer weiter und höher, noch weiter und noch höher. Vorbei an Flugzeugen und über die Wolken hoch hinaus ins All, in den Kosmos. Ganz klein liegt die Erde nun unter dir.

Nie hättest du gedacht, wie unendlich groß der Kosmos ist. Allein unsere Galaxis, die Milchstraße, umfasst neben unserer Sonne etwa 200 Milliarden weitere Sonnen. Wie eine Stecknadel im Heuhaufen wirkt plötzlich die Erde unter dir.

Du fliegst weiter und weiter…

Nun kommst du zu einem Punkt, an dem das Licht um dich herum immer heller und heller wird. Ein Licht, so schön wie du es nie gesehen hast. Erkennen kannst du nichts, dennoch hast du plötzlich das Gefühl, dass dieses Licht irgendwie mit dir verbunden ist. Nie zuvor hast du dich so wohl gefühlt, so viel Frieden und Liebe um dich herum gespürt wie hier, fast göttlich. Du fühlst dich magisch angezogen von diesem Licht.

Du magst dich gar nicht mehr trennen, willst gar nicht mehr weiterfliegen, so schön ist es hier. Verweile also einen Augenblick und lasse dich voll und ganz von diesem Licht verzücken.

Plötzlich machst du eine Entdeckung. Du siehst, dass sich winzig kleine Lichtkugeln auf den Weg zur Erde machen und dort – Du kannst es kaum glauben – in einem neuen Menschenwesen inkarnieren.

Genauso kannst du sehen, dass viele kleine Lichter die Erde mit dem Tod eines Menschen wieder verlassen und in das große Licht eintauchen. Das, was du hier entdeckt hast, geht über alles hinaus, was du dir vorher vorgestellt hast. Du weißt jetzt, warum du dich hier so „verbunden" fühlst, du weißt jetzt, du bist ein Teil dieses Lichtes, nur auf der Erde inkarniert.

Mit diesem Wissen machst du dich jetzt zurück auf den Weg zur Erde. Je näher du der Erde kommst, desto mehr kannst Du erkennen, dass die Erde nur ein winzig kleiner Teil einer unglaublich großen Ordnung ist. Alles ist eingebunden in ein gut funktionierendes System. Gespeist von der unendlichen Energie des Kosmos. Alles und jeden speist diese Energie, vom kleinsten zum größten Planeten. Alle Lebewesen auf den anderen Planeten, uns Menschen der Erde, Tiere, Pflanzen usw. Alles ist reine Energie, reines Licht. So unendlich viel ... Wie Lichtwirbel kannst Du diese Energie sehen in den schillernsten Farben und Formen.

Du betrachtest die Erde nun ganz nah. Du siehst Wasser, Vulkane, Land und viel, viel Grün. Und du siehst, dass jede kleinste Einheit auf diesem wundervollen Planeten ebenfalls gespeist wird von der großen Energie des gesamten Kosmos. Alles ist verbunden, alles ist reine Energie.

Die Erde leuchtet vor Energie, jeder einzelne Mensch auf dieser Erde leuchtet. Und in jedem Menschen kannst du jenes wundervolle Licht entdecken, das du gerade verlassen hast. Nein, nicht nur in jedem Menschen, auch in jedem Tier, in jeder Pflanze… Es ist genau das Leuchten, welches du die ganze Zeit im gesamten Kosmos auf deinem Rundflug gesehen hast.

Je näher du kommst, desto klarer kannst du sehen. Du siehst denkende und fühlende Menschen. Du siehst, wie jeder einzelne Gedanke, jedes einzelne Gefühl Energie in den Kosmos sendet. Wie eine Radiostation sendet und empfängt die ganze Erde. Wir sind vollkommen in Resonanz mit dem Großen und Ganzen.

Die Augen und den Mund immer noch vor Staunen geöffnet, landest du schließlich wieder auf der Erde. Nun ist alles wieder so, wie es vor deiner Reise war. Oder vielleicht doch nicht?".

Ich war sprachlos. Auf der einen Seite übte diese Geschichte eine unglaubliche Faszination auf mich aus und fühlte sich *irgendwie* richtig an, auf der anderen Seite sträubte sich etwas vehement in mir, sie anzunehmen. Anton hatte im Laufe der Stunden, die ich mit ihm verbrachte, eh schon mein gesamtes Weltbild ins Wanken gebracht - und nun auch noch diese Geschichte.

Mein bester Freund hätte gesagt, die Geschichte wäre *abgespacet*.

Ich hatte nun schon viel von Anton gehört, aber nie war ein Punkt erreicht, an dem ich nicht mehr wusste, ob ich von Anton veräppelt wurde.

Klar wusste ich, dass das Universum, genauso wie die Tiefe des Meeres, noch recht unerforscht war, aber dass *da oben* alles seinen Anfang hatte und es sogar eine göttliche Ebene geben sollte, das konnte mein Verstand in diesem Moment noch nicht ganz greifen.

Mal abgesehen davon, hatte ich mich noch nie mit der Frage auseinandergesetzt, ob es ein Weiterleben nach dem Tod gab. Und dann noch *der große Plan* in dem alles eingebunden sein sollte.

Nein, das war jetzt tatsächlich alles zu viel für mich

„Ich weiß", hörte ich die mir inzwischen so vertraute Stimme sprechen, „dass du gerade beginnst, an deinem Verstand zu zweifeln. Sieh es einfach nur als eine Möglichkeit an, wie du als Mikrokosmos im Makrokosmos Universum funktionieren könntest. Ob du es irgendwann für dich als eine Wahrheit in dein Leben integrierst oder wieder verwirfst, das ist ganz allein dir überlassen.

Ich möchte dich an dieser Stelle nicht noch weiter verwirren. Ich ziehe mich jetzt etwas in mich zurück und gebe damit mir selbst und auch dir etwas Zeit und Ruhe. Danach werde ich dir einen Weg aufzeigen, der dich zurück in deine Herzensebene bringen kann."

13

So bekam ich von Anton wieder eine kleine Auszeit und machte es mir im Schutz seiner Wurzeln bequem. Diese großartigen, umwerfenden aber auch schmerzhaften Erfahrungen, die ich gerade machte, waren anstrengend und forderten mich sehr. Manch ein Arbeitstag im Büro gestaltete sich trotz Überstunden wesentlich leichter. Mir fiel ein, dass ich meine Brotzeit, die ich immer mit zur Arbeit nahm, noch nicht verzehrt hatte. So ließ ich es mir erst mal schmecken.

Während ich aß, entdeckte ich wieder das kleine Eichhörnchen und versuchte – leider vergebens – es durch meine Brotkrummen anzulocken. Na ja, ein Brot mit Salamigeschmack war wohl nicht seine Sache.

Danach schlief ich wohl ein. Was ich erfahren hatte, musste ich erst mal verarbeiten. Ich weiß nicht, wie lange ich so da lag.

Als ich aufwachte, beschloss ich, den Ausflug ins Universum erst mal in einer Schublade abzulegen. Ob und wann ich diese Geschichte nochmal hervorholen würde, das würde sich zeigen. Instinktiv aber wusste ich, dass dies geschehen würde, irgendwann.

Noch hatte ich nicht die Reife – Anton würde sicher sagen *das Bewusstsein* - diesen Ausflug als Wahrheit für mich anzunehmen.

Stattdessen beschloss ich, mich voll und ganz auf Antons nächste Lektion einzulassen.

14

„Ich glaube, welches Unheil deine bewer-
tenden Gedanken (wir nennen es mal
dein EGO) anrichten können, das konnte
ich dir inzwischen plausibel machen",
nahm Anton meine Unterrichtung mit einem völlig neuen Thema wieder auf.

„Womit wir uns aber noch nicht beschäftigt haben, ist die Ebene deiner Gefühle.
So, wie du nämlich nicht *nicht* denken
kannst, kannst du auch nicht *nicht* fühlen.

Leider wird dem Gefühl in der Gesellschaft, in der du lebst, nur noch eine
Randfunktion beigemessen. Ihr seid die
großen Denker: ‚Wie denkst du darüber?',
‚Mach dir mal in Ruhe Gedanken darüber.', ‚Da hast du nicht genug drüber
nachgedacht.' usw. sind Sätze, die dir
sicher im Alltag geläufig sind und die
auch du benutzt.

Neulich saß sogar ein Pärchen zum Picknick an meinem Baum, und ich hörte die Frau den Mann fragen: ‚Liebst du mich noch‘? und sie bekam zur Antwort: ‚Darüber habe ich noch gar nicht **nachgedacht**!‘.

Ich spürte, wie ich rot wurde, denn diese Aussage hätte durchaus auch aus meinem Mund kommen können. Freilich *dachte ich*, Veronika zu lieben. Aber wie fühlte sich Liebe wirklich an?

„Hat dich jemals jemand gefragt, wie sich ein an dich gerichtetes Wort oder eine Gegebenheit für dich anfühlt? Hat dich jemals jemand aufgefordert, mal in eine Entscheidung *hinein zu fühlen*?“

Ich schüttelte stumm den Kopf.

„Schon als Kind hat man dir beigebracht, dass gewisse Gefühle *schlecht* sind.

Für viele Gefühle wie z.B.: Ärger, Wut, Hass und Neid wurdest du getadelt oder mit Liebesentzug bestraft.“

Sofort kam dazu eine Erinnerung in mir hoch. Zeit meines Lebens kämpfte ich mit dem Gefühl des Neides gegenüber meinem großen Bruder, der immer alles konnte und dafür von meinen Eltern hoch gelobt wurde. Egal wie sehr ich mich auch anstrengte und was auch immer ich tat, das Lob und die Anerkennung meiner Eltern blieben aus und galten stets meinem Bruder. Wenn ich meinen Neid auf ihn zuließ, tadelten mich meine Eltern und vermittelten mir, ich sei ein schlechter Mensch, weil ich solche Gefühle zuließ.

Irgendwie zieht sich dieses Neid-Gefühl durch mein ganzes Leben. Auch heute noch bin ich neidisch auf gewisse Arbeitskollegen, die mit wesentlich weniger Anstrengung mehr Erfolg haben als ich.

Ich schäme mich sehr für dieses Gefühl des Neides. Ja, ich verurteile mich sogar dafür, so zu fühlen. Ich verstecke es im Alltag immer hinter einer Maske und tue so, als freue ich mich mit den anderen für ihren Erfolg auf was auch immer. In Wirklichkeit aber brodelt es in mir.

Wieder segelte nun ein kleines Blatt vor meine Füße, auf dem etwas Wundervolles verfasst war:

Ein Gefühl ist wie ein Kind

Ein Gefühl ist wie ein Kind, das in Dir lebt und weint und lacht,

Hunger hat und bemerkt sein will. Wer zu seinem Gefühl zu oft sagt:

Sei still, ich habe jetzt keine Zeit für dich – dessen inneres Kind sitzt

eines Tages in einer vergessenen Ecke und trauert, wird krank und

verkümmert. Mit Gefühlen soll man umgehen, wie man mit einem

Kind umgeht. Man sieht ihm freundlich zu und aufmerksam. Man hört,

was es klagt, man leidet mit ihm, wenn es leidet. Denn Gefühle sind die lebendigsten Kräfte in uns, und keine andere Kraft in uns bringt so

Lebendiges hervor. Ein Kind hat auch Wünsche, berechtigte, gute,

schöne, die nicht zu erfüllen sind. Dann nehmen wir es auf den Arm

und sind mit ihm traurig. Aber wir schicken es nicht weg. Ein Kind kann

verstehen, dass es nicht alles haben kann. Aber lieben muss man es,

ihm Mut geben und Fröhlichkeit, und Raum, seine Kräfte zu regen.

Aus: Jörg Zink, Was bleibt, stiften die Liebenden

15

Während ich noch ganz gerührt von dem wunderschönen Text auf dem Blatt war, fuhr Anton mit seiner Ausführung fort:

„Die Menschen haben leider Angst davor", erläuterte Anton, „ihre Gefühle und die möglicherweise damit verbundenen Schmerzen zu fühlen. Aus diesem Grunde werden viele Gefühle immer und immer wieder verdrängt.

Um die Gefühle nicht fühlen zu müssen, sucht der Mensch sich Dinge wie Drogen, Arbeit, Fernsehen, Schlaf, Sex, Lebensmittel, Geld, usw. Er will diese Angst, diesen Druck nicht spüren. Ein fataler Teufelskreislauf."

Ja, das war es. Wenn ich mal wieder mit dem Gefühl des Neides zu kämpfen hatte und es hinter meiner Maske versteckt hatte, bekam Veronika es am Abend durch meine Unruhe zu spüren. An diesen Abenden hatte ich immer stark das Bedürfnis, noch auszugehen und mich ablenken zu müssen.

Anton lobte mich für meine immer weiter fortschreitende Selbsterkenntnis und fuhr dann mit seinen Erklärungen fort: „Gefühle sind Energie, dass heißt, ihr könnt sie nicht einfach ignorieren oder verdrängen in dem Glauben, sie seien dann weg. Gefühle machen den Menschen erst lebendig und, wenn er sie verdrängt, geht damit Lebensenergie, Lebensfreude und Lebendigkeit verloren.

Das Gefühl, lieber Matthias, ist die Sprache deiner Seele. Wenn du wirklich *fühlst*, dann bist du dir selbst am nächsten. Wenn du deine Gefühle aber mit deinen Gedanken (z.B. ‚So sollte ich nicht fühlen.‘, ‚Ist doch alles halb so schlimm.‘, ‚Er kann doch nichts dafür.‘) weg rationalisierst, verstößt du gegen deine eigene Wahrheit. Du verleugnest dein authentisches ICH, deinen inneren Kern und somit deine Wahrheit.

Kannst du dich an Situationen erinnern, in denen sich etwas für dich nicht gut angefühlt hat? Und du hast es trotzdem getan, weil dein Verstand dir hundert Gründe dafür geliefert hat?".

Da musste ich gar nicht lange überlegen. Es gab da nämlich sich ständig wiederholende Situationen, in denen ich Dinge tat, obwohl sie sich nicht stimmig für mich *anfühlten*. Schließlich wollte ich ja ein guter und anständiger Mann sein. So besuchte ich *widerwillig* monatlich meine Oma im Pflegeheim. Dass sie mich nicht mehr erkannte, war eine Sache. Aber dass sie immer wieder sehr bissige und anfeindende Bemerkungen von sich gab, das zog mich völlig runter. Veronikas Bruder war auch so ein Fall. Ich fühlte mich durch ihn immerzu genötigt, Dinge zu tun, die mir Magenschmerzen bereiteten. Diese Aufzählungen könnte ich wahrlich noch endlos fortsetzen. Begebenheiten und Situationen, in denen mein Verstand immer wieder die Oberhand gewann und ich mein ungutes Gefühl ignorierte. Wahrscheinlich würde mir Anton noch viele Situationen in meinem Leben aufzeigen können, in denen mir dies nicht einmal bewusst war.

Und wieder bereitete mir allein der Gedanke daran, dies zu ändern, Beklemmung.

War ich denn nicht ein schlechter Mensch, wenn ich meine an Demenz erkrankte Oma nicht besuchte? Was sollten meine Mitmenschen von mir denken?

Was wäre, wenn ich meine an Demenz erkrankte Oma nicht besuchen würde? Wäre ich dann nicht ein schlechter Mensch? Ich wollte doch gut sein und meinen Mitmenschen gefallen. Was würden sie denn von mir denken? Fragen über Fragen. Chaos und Verzweiflung machten sich in mir breit.

Und da war sie wieder, die Angst davor, wie mein Umfeld auf mich reagiert, wenn ich nicht das tat, von dem ich dachte, dass man es von einem *guten Mann* erwartet.

Inzwischen glaubte ich selbst, dass mein Leben nur aus Angst vor der Reaktion der Gesellschaft bestand und geleitet wurde. Ich konnte mir auch wirklich gut vorstellen, dass dies wahrscheinlich der Weg der meisten Menschen war.

Anton fuhr fort: „Im Laufe deines Lebens legtest du dir dann Schutz-Schichten zu. Wie eine Zwiebel, mit all ihren Häuten, um dich zu schützen, um nicht beschämt und verletzt zu werden.

Die Rinde meines Baumes ist meine Schutzschicht und schützt meinen lebendigen Teil vor Insekten und Pilzen. Ist die Rinde verletzt, dringt Feuchtigkeit ein und die Schadstellen vereinfachen schädlichen Organismen den Eintritt.

So waren auch deine Schutzschichten, die du dir als Kind zugelegt hattest, überlebenswichtig für dich, damit du physisch und psychisch gesund groß werden konntest. Nur leider hast du diese Schutzschichten nicht wieder abgelegt. Sie sind zu einem Schutzpanzer geworden, hinter dem du dich heute verbirgst. All dies macht den heutigen Matthias aus. Es ist zu deinem ICH geworden und hält deinen eigentlichen Kern, dein authentisches ICH unter Verschluss.

Wenn du diesem Kern wieder begegnen möchtest, kommst du nicht drum herum, die Schutzschichten eine nach der anderen wieder abzulegen.

Im Gegensatz zu deinen Schutzschichten, ist meine Rinde noch immer lebensnotwendig für mich. Sie hält aber meinen authentischen Kern nicht unter Verschluss.

Vor vielen Jahren hat sich einmal eine kleine Gruppe von Mönchen vor meinem Baumstamm versammelt und der Gruppenälteste erzählte den anderen eine kleine Geschichte, die ich Dir nicht vorenthalten möchte:

In Thailand sollte vor vielen Jahren eine große Buddha-Statue aus Lehm in ein anderes Kloster gebracht werden. Als die Mönche den Buddha anhoben, entstanden große Risse im

Lehm. Aus Angst, den Buddha kaputt zu machen, stellten sie ihn wieder ab und inspizierten ihn genau. Als sie näher an den Buddha herantraten, sahen sie, wie unter dem Lehm etwas glitzerte. Vorsichtig lösten sie an der Stelle den Lehm und entdeckten, dass der Buddha vollkommen aus Gold war. Es wird angenommen, dass das Kloster vor vielen hundert Jahren angegriffen worden war und die Mönche den goldenen Buddha vor den Angreifern hatten verstecken wollen. Also hatten sie ihn mit Lehm beklebt, sodass sein wahrer Wert versteckt worden war. Da wahrscheinlich keiner der Mönche den Angriff selbst überlebt hatte, war auch das Wissen um den goldenen Buddha verloren gegangen.

Diese kleine Geschichte spiegelt den Menschen gut wieder", erklärte mir Anton seine Erzählung." Er kommt absolut vollkommen (als Rohdiamant) auf die Welt und zeigt in allem, was er tut, seinen puren Kern, sein authentisches Ich. Er ist pure Glückseligkeit und vollkommen im Hier und Jetzt. Aber mit jeder Verletzung und Zurückweisung, die er erfährt, wird sein ‚goldenes Dasein' mehr und mehr von einer Schutzschicht überzogen und der goldene Kern irgendwann ganz vergessen.

Der Mensch hat gelernt, sich vor Verletzungen zu schützen, indem er aufgehört hat zu fühlen. Der dicke Schutzpanzer verhindert den Zugang zu seinem Herzen. Dadurch hat der Mensch vergessen, dass er absolut vollkommen ist, so wie er ist.

Durch die Zurückweisung in der Kindheit glaubt er, in seinem authentischen *Sein* nicht liebenswert zu sein, und versucht immer, irgendetwas *darzustellen*, was ihn aber leider nur mehr und mehr von seinem Herzzentrum entfernt.

Wenn du wirklich wissen möchtest, wer du bist, lieber Matthias, kommst du nicht umhin, deine Schutzschichten wieder abzulegen."

Schutzschichten ablegen und den Schmerz fühlen zu müssen, der darunter liegt, das hörte sich nicht gerade nach einem Spaziergang an. Und ja, ich fühlte tatsächlich schon diesen tiefen Schmerz und auch ganz viel Traurigkeit.

Andererseits war mir durch das Gespräch mit Anton inzwischen bewusst, dass ich sehr weit von mir selbst entfernt lebte oder besser gesagt mich leben ließ. Wie viele Masken ich auf hatte, konnte ich beim besten Willen nicht sagen, aber dass ich keinen Zugang zu meinem inneren Kern hatte, das hatte ich erkennen müssen, als ich versuchte, mein Leben in ein Bild zu bringen, um damit mit meinen eigenen Bedürfnissen in Verbindung zu kommen.

Ich hatte in den gemeinsamen Stunden, die ich heute mit Anton verbrachte, mehr über mich und das Leben erfahren als in den fünfunddreißig Lebensjahren zuvor.

16

Deshalb bat ich Anton nun zum Abschluss unseres gemeinsamen Tages um Hilfe auf meinem Weg zu mir selbst. Ich bat ihn, mir Werkzeug an die Hand zu geben, damit ich meine Reise zu mir selbst antreten und bewältigen konnte. Ich würde meine Arbeitslosigkeit – wie lange auch immer sie dauern mochte – nutzen, um mir darüber klar zu werden, wohin mein Weg mich zukünftig wirklich führen sollte.

Heute schloss ich einen ganz besonderen Tag ab. Einen Tag, der zwar so ganz anders verlaufen war, als ich es mir am Morgen noch erhofft hatte, aber einen Tag, das wusste ich inzwischen ganz sicher, der mein Leben komplett auf den Kopf gestellt hatte und mir die Möglichkeit bot, endlich den Weg *meines* Lebens anzutreten.

Und ja, ich würde heute abend trotz allem – und gerade deshalb – mit Veronika essen gehen!

Unsere gemeinsamen Stunden gingen zu Ende. Anton schüttelte sich leicht und es landeten vier wunderschöne Eichenblätter vor meinen Füßen. Blätter, so schön, wie ich sie noch nie zuvor gesehen hatte. Anton verabschiedete sich mit den Worten: „Wenn Du diese Blätter ins Licht hältst, offenbart Dir jedes der Blätter einen Schritt in Richtung Ganzheit, Freiheit, Authentizität und Glückseligkeit.

Erfüllt von freudiger Erwartung, hielt ich sie sofort nacheinander ins Licht, damit sie mir ihre Weisheit offenbarten.

Das erste Blatt

Wahrnehmung

- *Denk daran, dass du deine Wirklichkeit aus deinen in der Black-Box gespeicherten Daten selbst konstruierst. Deshalb ist sie immer subjektiv.*
- *Andere Menschen haben andere „Daten" in ihrer Black-Box gespeichert und somit eine andere Wahrnehmung der Welt als du.*
- *Es gibt da kein richtig und kein falsch. Du musst lernen, dich sowohl in Toleranz und Annahme deiner eigenen Gedanken und Gefühle zu üben, als auch in deren anderer Menschen.*
- *Wenn dir voll und ganz klar ist, dass du deine eigene Wirklichkeit immer nur selber konstruierst, kannst du lernen, Verantwortung für deine Gedanken und Gefühle zu übernehmen und musst sie nicht mehr auf dein Gegenüber projizieren.*
- *Sich der Subjektivität der eigenen Wahrnehmungen – und damit der selbst geschaffenen Wirklichkeit – bewusst zu werden, ist der erste wichtige Schritt!*

- *Werde dir deshalb so oft wie möglich deiner Gedanken bewusst, indem du aufmerksamer Zeuge ihrer wirst. Das kannst du z.B. tun, indem du täglich 2 x 20 Minuten in eine Meditation gehst, wo du nur zum stillen Beobachter deiner Gedanken wirst. Oder du stellst dir stündlich einen Timer (z.B. in deinem Smartphone), der dich daran erinnert, kurz inne zu halten, um zu schauen, womit sich deine Gedankenwelt gerade beschäftigt. Führe ruhig die erste Zeit Tagebuch über deine Erfahrungen*

- *Wichtig: Bewerte deine Gedanken nicht! Lass sie einfach nur da sein und be-obachte!*

- *Starte jeden Morgen mit dem Ziel in den Tag, deinen Gedanken keinerlei Bedeu-tung mehr beizumessen. Stelle dir z.B. einfach vor, sie sind Wolken am Himmel, die zeitweise den Blick auf die Sonne verschleiern und dann einfach wieder weiter ziehen. Steigere dich in keinen Gedanken mehr hinein und entziehe ihm damit jegliche Energie. Mache dir immer und immer wieder klar, dass es nur Ge-danken sind. Sie kommen aus der Ver-gangenheit und haben keinerlei Bedeu-tung mehr im Hier und Jetzt.*

Das zweite Blatt

Schließe Frieden mit Deiner Vergangenheit

- *Es ist absolut unsinnig, an irgendetwas aus der Vergangenheit festzuhalten. Vor allem, wenn es sich dabei um Ärger, Groll, Beschämtheit oder Schuldgefühle handelt.*
- *Alles, was du in der Vergangenheit getan hast, tatest du, weil du derzeit keine anderen Ressourcen zur Verfügung hattest. Sicher hättest du anders gehandelt, wenn du andere Ressourcen gehabt hättest.*
- *Alles, was dir in der Vergangenheit vermeintlich angetan wurde, hast du erlebt, weil es deinem persönlichen Wachstum dienlich war.*
- *Du und auch dein Leben waren jederzeit vollkommen. Es gibt kein richtig und kein falsch. Es gibt auch keine Fehler, sondern nur Erfahrungen.*
- *Teile dein Leben in Etappen ein (z.B. 1-10 Jahre, 11 – 20 Jahre, usw.) und schreibe heraus, welche Ereignisse in dieser Zeit dein Leben geprägt haben. Schreibe dann dem Jungen, der du*

damals warst, einen Brief und teile ihm mit, dass du gerne in schwierigen Situationen an seiner Seite gewesen wärest, um ihn zu unterstützen. Sag ihm, dass du jetzt an seiner Seite bist und ihr nun gemeinsam völlig neue Erfahrungen machen könnt.

- Ziehe eine imaginäre Zeitlinie. Deine Vergangenheit liegt hinter dir. Dreh dich nun einmal herum und schaue, was dir aus Deiner Vergangenheit im Jetzt noch Sorgen oder Groll bereitet. Schau, wo sich ggfs. noch Schuldgefühle bemerkbar machen.

- Vergib dir selbst, allen anderen und auch deinem Schicksal in die Vergangenheit hinein. Die Vergangenheit loszulassen, bedeutet, dass sich Energieblockaden auflösen und du dauerhaft frei und voller guter Energie durchs Leben gehen kannst. Erteile dir die Erlaubnis, dass du von heute an neue Erfahrungen machen darfst.

Das dritte Blatt

Lerne, deine Gefühle wieder zu fühlen

- Halte mehrmals am Tag inne, um zu fühlen, was gerade in dir lebendig ist. Besonders wenn du in stressige oder ärgerliche Situationen gerätst: Schau, wie du dich dabei fühlst.

- Ein Gefühl ist nur ein Gefühl. Es gibt keine richtigen und falschen Gefühle. Auch Neid, Groll, Hass und Wut sind zukünftig willkommen.

- Heiße gerade diese vermeintlich negativen Gefühle in dir willkommen – ohne sie zu bewerten – und öffne ihnen innerlich die Tür deines Herzens.

- Ja, du darfst sie sogar noch ein bisschen liebevoller und freundlicher willkommen heißen als die angenehmen Gefühle.

- Erkenne und nimm an, dass du dich mit dem Gefühl vielleicht gerade nicht wohl fühlst. Schick es aber nicht weg, das heißt, verdränge es nicht.

- Nimm an, dass du bislang solche Gefühle immer verdrängt hast. Tue dies von nun an ganz bewusst nicht mehr.

- *Gib niemandem die Schuld für dieses Gefühl in dir. Übernimm die volle Verantwortung für jedes deiner Gefühle.*

- *Nach einiger Übung in der bewertungsfreien Annahme deiner gesamten Gefühlspalette, kannst du beginnen, zu hinterfragen, was dieses Gefühl dir sagen will. Warum bist du neidisch, wütend oder ärgerlich. Versuche aber nicht, mit Gewalt in dich einzudringen. Es braucht viel Zeit, Geduld und Übung, bis die Gefühle dir ihre Botschaft preisgeben.*

Wichtig: Es mag sein, dass die meisten Gefühle durch bestimmte Personen ausgelöst werden. Diese sind aber niemals verantwortlich für deine Gefühle. Es sind deine Verletzungen aus der Vergangenheit, die diese Gefühle in dir auslösen. Der- oder diejenige, von der du glaubst, sie wären Schuld an deinen Gefühlen, haben nur auf Knöpfe gedrückt, die noch *aktiv* sind.

Das vierte Blatt

Denke neu, mit Bewusstheit und Klarheit

- *Die meisten Menschen stecken sehr viel Energie in belastende Gedanken. Genau diese können euch aufzeigen, was in eurem Leben nicht in Ordnung ist.*

- *Wenn dich solche Gedanken belagern – und das tun sie viel öfter, als es dir bewusst ist -, dann frage dich stattdessen, was du willst.*

- *Zum Beispiel: Deine Wohnung ist dir zu klein und immer, wenn du in deinem Bad ohne Fenster stehst und dich ärgerst, dass der Spiegel wieder einmal beschlagen ist, dann konzentriere dich darauf, was du stattdessen gerne für eine Wohnung hättest.*

- *Male sie dir in deinem Geiste in allen Facetten aus.*

- *Erinnere dich immer wieder daran, dass deine energetischen Schwingungen das Gewünschte ins Leben ziehen.*

- *Das Unterbewusstsein kennt das Wort „nicht" nicht und deshalb verhindern die negativ programmierten Gedanken durch ihre niedere Schwingung eine Verbesserung deiner Situation.*

Epilog:

Was für ein Tag!

Trotz der anstrengenden Gespräche mit Anton fühlte ich mich energetisch aufgeladen wie lange nicht mehr.

Ganz vorsichtig legte ich die vier Blätter in meine Präsentationsmappe, die jetzt einen viel wichtigeren Zweck erfüllte als heute morgen noch angedacht. Zuhause würde ich ihnen einen besonderen Platz zukommen lassen, so dass sie mir jeden Morgen erneut ihre Botschaft offenbaren konnten.

Ich wusste, dass ich mein Leben nicht von jetzt auf gleich völlig umkrempeln konnte, aber ich wusste auch, dass dies niemand von mir erwarten würde. Wenn ich es schaffen würde, meinen eigenen Anspruch an mich selbst herunter zu schrauben, dann könnte ich die Zeit der Arbeitslosigkeit gut nutzen und mit Antons Offenbarungen arbeiten.

Beschwingt von diesen Gedanken, führte mich mein Weg in ein neues Leben, in mein neues Leben!

Lieber Leser!

Matthias Reise hat nach der Begegnung mit Anton gerade erst begonnen und er wird ihn noch oftmals besuchen, um seinen Rat einzuholen.

Wenn auch Du Dich auf den Weg zu Deinen eigenen Wurzeln machen möchtest, begleite ich Dich gerne mit dem Intensivseminar zum Buch „Lichtblickprozess" auf Deiner Reise.

Weitere Informationen über den Lichtblickprozess findest Du unter:

www.lichtblick-soest.de.

Uta Ellies